영재들을 위한 상위10%

수학 바이러스 시즌1

❸ 함정에 빠진 셈짱과 리나

문자와 식

수학 바이러스 시즌 1 – 3권

정완상 ⓒ, 2022

초판 1쇄 발행일 | 2022년 1월 15일

지은이 | 정완상
그린이 | 조윤영
발행인 | 박혜정

발행처 | 브릿지북스
출판등록 | 제 2021-000189 호
주소 | 경기도 고양시 일산서구 킨텍스로 284, 1908동 1005호
문의전화 | 070-4197-5228
팩스 | 031-946-4723
이메일 | harry-502@daum.net

ISBN 979-11-976702-3-7
    979-11-976702-8-2(세트)

영재들을 위한 상위10%

수학 바이러스 시즌1

3 함정에 빠진 셈짱과 리나

문자와 식

정완상 지음 | 조윤영 그림

BRIDGE Books
브릿지북스

셈짱! 초등 수학 정복하다

초등 수학! 어떻게 하면 완전 정복할 수 있을까요?

흔히들 기본에 충실하면 된다고들 말하지요. 수학 계산에 열을 올리다가 처음으로 문장제(문장으로 기술된 수학문제)를 접하게 되면 초등학생들은 어떻게 식을 세워야 할지 몰라 난감한 표정을 짓게 됩니다.

그래서 이번 시리즈를 준비해 보았습니다. 초등 수학의 대표적인 문장제 유형을 어우르는 재미있는 동화를 써 보는 것이 이번 기획이었지요. 어디서부터 시작할지, 어떤 스토리를 만들지 많은 고민을 했어요. 읽었던 수많은 동화들을 다시 읽으면서 수학 아이템을 어디에 어떻게 넣어야 할지 새로운 틀을 짜내는 것이 제일 힘든 일이었지요.

그러던 중 현재 고등학교에 다니는 제 아들이 초등학교 다닐 때 가장 좋아했던 만화영화 〈포켓몬스터〉가 떠오르더군요. 포켓몬스터 속에는 다양한 모습을 한 몬스터들이 등장해 어린아이들의 마음을 사로잡았죠. '그래, 이거야!' 하는 생각이 문득 들더군요. 그래서 수학 몬스터들과 주인공의 대결을 통해 독자에게 문장제를 완벽하게 이해시키는 방법을 택하기로 한 거지요.

제가 배경으로 택한 매쓰피아 왕국은 여러 몬스터들이 살고 있는 다섯 개의 섬에 둘러싸여 있는 섬나라예요. 이 나라의 왕궁이 훤히 내려다

보이는 매쏭 산에 열두 살짜리 천재 수학 소년 셈짱과 동갑내기인 말괄량이 마법 소녀 리나가 살고 있지요.

이들을 주인공으로 하여 여러 수학 몬스터들과 어우러진 동화를 써 보는 것이 재미있겠다고 생각했어요. 그리고 초등 수학에 어떤 내용이 있는지를 알아보았지요. 그랬더니 초등 수학은 다음과 같은 다섯 개의 영역으로 크게 나눌 수 있었어요.

1. 수와 연산
2. 도형
3. 문자와 식
4. 규칙성과 함수
5. 확률과 통계

그래서 각각의 영역을 한 권에 담은 〈수학 바이러스〉 시리즈를 완성하게 된 것이지요.

이 책에서는 재미있는 수학 문제를 놓고 셈짱과 리나가 몬스터와 대결을 펼치는 과정을 그렸어요. 만일 수학 문제를 해결하지 못하면 무시무시한 몬스터들의 공격에서 벗어날 수 없는 긴장감도 도입했지요. 게

다가 수학과 인문학과의 관계, 위대한 수학자들의 이야기들도 함께 넣었어요.

다섯 권의 책을 서로 다른 스토리로 만들기 위해 많은 고민을 했어요. 새로운 아이디어가 잘 떠오르지 않을 때는 동심으로 돌아가기 위해 혼자 탱크나 비행기, 자동차 같은 프라모델을 조립해 사진을 찍어 daum에 있는 제 블로그 〈처음 하는 프라모델〉에 올리기도 했지요. 어린 시절의 마음으로 돌아가니 초등학생의 눈높이에 맞출 수 있는 아이디어가 술술 떠오르더군요. 그래서 이렇게 다섯 권의 책을 세상에 내놓게 되었어요.

이 책을 통해 초등학생들이 수학의 다섯 개 영역의 대표적인 문장제를 마스터하여 수학에 대한 자신감을 가지게 된다면 저자로서는 큰 영광이에요. 또한 이 책을 읽는 초등학생에게 골치 아픈 문제를 스스로 재미있는 스토리로 꾸미는 훈련을 할 것을 부탁드려요. 문제를 해결하는 방법을 스토리로 만들어 전개해 나가다 보면 문장력도 늘고 창의력이나 논리력도 생기게 되니까요.

끝으로 이 책이 나올 수 있도록 함께 고민한 브릿지북스 사장님께 감사의 말을 전합니다.

정완상

추천사를 부탁 받고 원고를 읽어 나가면서 나도 모르게 탄성을 질렀습니다. 왜냐하면 수학의 개념과 원리가 너무나도 자세하고 친절하게 설명되어 있었기 때문입니다.

처음에 등장하는 걸몬과 보이몬에서부터 마지막의 옥토몬에 이르기까지 재미있는 캐릭터들이 들고 나오는 문제들 속에서 학교나 교과서에서 배울 수 없는 알차고 재미있는 개념과 원리들을 접하게 됩니다. 또한 리나와 셈짱 동갑내기가 펼치는 흥미진진한 수학 모험이 원고를 단숨에 읽어 내려가게 만들었습니다.

아주 오래된 이야기지만 기원전에 알렉산드리아 대학에서 유클리드에게 기하학을 배우던 학생들 중에는 왕자도 있었습니다. 왕자가 좀 더 쉽게 배울 수 있는 방법을 묻자, 유클리드는 "기하학에는 왕도가 없습니다."라고 대답했다고 전해집니다.

기원전이든 지금이든, 알렉산드리아든 서울이든 이 대답에는 변함이 없을 것입니다. 하지만 수학을 재미있고 쉽게 가르치라는 요구가 거세지면서 요즘은 '재미있는 수학'이라는 제목을 내걸고 마치 하룻밤에 수학을 정복할 수 있는 듯이 유혹하는 책들을 어렵지 않게 찾아볼 수 있습니다.

　그러나 수학은 결코 쉬운 학문이 아님은 자명한 사실입니다. 단지 쉽고 어려움은 수학을 공부하는 과정에서 달라질 수 있습니다. 그런 의미에서, 짜임새 있는 구성으로 수학의 원리와 개념을 재미있는 이야기의 형식을 빌려 전개해 나간 『수학 바이러스』는 우리의 수학적 호기심을 한 차원 높은 단계로 이끌어줄 것이며, 수학은 어려운 학문이지만 도전해 볼 만한 것이며 즐거움도 느낄 수 있는 학문임을 깨닫게 해줄 것입니다.

　자, 이제 더 이상 수학을 두려워하지 말고 이 책 속에 나오는 재미있는 문제와 번뜩이는 아이디어를 함께 즐겨보시기 바랍니다.

홍선호

캐릭터 소개

○ **셈짱**: 열두 살 천재 수학 소년. 어릴 적에 매쑹 산에서 길을 잃고 헤매다 수학의 전설적인 인물인 수리도사의 수제자가 된다. 특출 나게 수학문제 푸는 것을 좋아하고 오로지 수학만 좋아라 하는 평범한 소년.

○ **리나**: 수학꽝 마법 소녀이자 말괄량이인 수리도사의 손녀. 수학은 꽝이지만 책 읽기를 좋아해 아는 게 많다. 아직 마법의 입문 단계에 있는 다혈질의 새침한 소녀로, 인간 아빠와 요정 엄마 사이에서 태어나 인간과 요정의 장단점을 골고루 갖추고 있는 소녀.

○ **페이퍼몬**: 한 손에는 커다란 채찍, 다른 한 손에는 종잇조각을 들고 있는 몬스터로, 종이 뱀을 진짜 뱀으로 변하게 하여 셈짱과 리나를 위협한다.

🔼 **매씨아**: 픽토도사의 수제자로, 눈이 부실 만큼 얼굴이 예쁘다. 셈짱과 이퀘이션 수학대회에서 마지막까지 당당하게 실력을 겨루지만 아깝게 셈짱에게 지고 만다.

🔼 **트리몬**: 빨강, 파랑, 노랑의 세 개의 손으로 여러 개의 구슬을 저글링 하는 몬스터. 자신의 손 안에 쥔 구슬 숫자를 맞히라는 문제를 내고는 만약 못 맞히면 구슬들과 끝없이 충돌해야 할 것이라고 한다.

🔼 **커닝스**: 부정한 방법으로 돈을 번 매쓰피아 왕국 최고의 부자인 테로 백작의 아들로, 성질이 난폭하고 자신만 아는 이기주의자. 이퀘이션 왕국으로 가는 도중에 이정표를 몰래 바꾸어 셈짱과 리나를 곤경에 빠뜨린다.

🔼 **따브르저우르**: 몸집은 황소만하고 얼굴은 고양이, 꼬리는 셋 달린 이상하게 생긴 몬스터. 등에 달린 저울의 구슬 무게를 알아맞히라고 하고는 못 맞히면 쇳덩어리가 날아가 압사시킬 것이라고 으름장을 놓는다.

캐릭터 소개 11

○ **버드몬**: 몸통에 커다란 날개가 붙어 있고 우락부락한 얼굴을 가진 몬스터로, 갈치처럼 생긴 갈탱들 사이의 거리를 맞히라고 하며 만약 못 맞히면 끝없는 낭떠러지로 떨어질 것이라고 협박한다.

○ **옥토몬**: 그린스 숲의 마지막 몬스터로, 문어처럼 생겼지만 다리는 세 개뿐이다. 자신이 내는 마지막 문제를 못 맞히면 다시 처음으로 돌아가 몬스터들과 새로운 대결을 해야 한다고 위협을 가한다.

○ **걸몬과 보이몬**: 몸통 하나에 머리가 둘 달린 다리가 짜리몽땅한 몬스터로, 걸몬은 여자이고 보이몬은 남자이다. 앵무새처럼 똑같이 말하며, 제한시간 안에 나이 문제를 맞히라고 한다.

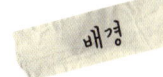

수학을 사랑하는 매쓰피아 왕국은 평화롭고 아름다운 섬나라이다. 이 섬은 다섯 개의 섬으로 둘러싸여 있는데 각각의 섬에는 수학 몬스터들이 살고 있다. 매쓰피아 왕국의 뉴머 왕은 열두 살짜리 딸 로지아 공주를 혼자 키우며 백성들에게 사랑 받는 정치를 펼치고 있다. 로지아 공주는 모험을 좋아해 매쓰피아 왕국을 벗어나 밖으로 돌아다니기를 좋아하는데, 뉴머 왕은 공주가 사라질 때마다 노심초사하며 지낸다.

한편 매쓰피아 왕궁이 훤히 내려다보이는 매쏭 산에는 열두 살 난 천재 수학 소년 셈짱과 수학꽝인 리나라는 동갑내기 말괄량이 소녀가 살고 있다. 리나는 왕실 대표 수학자를 지내다가 매쏭 산에서 은둔하며 지내던 수리도사의 손녀이고, 셈짱은 수리도사의 수제자이다. 얼마 전 수리도사가 죽은 후 셈짱과 리나는 매쏭 산에서 함께 지내고 있는데, 셈짱은 수학을 좋아하는 반면 리나는 수학보다는 책읽기를 더 좋아한다. 이제 셈짱과 리나의 즐겁고 흥미진진한 수학 모험이 시작된다.

차례

들어가는 말 ★5
추천사 ★8
캐릭터 소개 ★10
배경 ★13

첫 번째 문제 _ 차이 ★16
이퀘이션 왕국에서 날아온 초대장

두 번째 문제 _ 간격 ★31
버드몬과 갈탱 무리

세 번째 문제 _ 그림으로 풀기 ★47
픽토도사의 제자 매씨아

네 번째 문제 _ 공통 빼 주기 ★59
살아 있는 종이 뱀

다섯 번째 문제 _ 무게 ★72
따브르저우르의 신기한 저울

여섯 번째 문제 _ 거꾸로 풀기 ★ 83

저글링을 하는 몬스터

일곱 번째 문제 _ 표 만들어 풀기 ★ 92

함정에 빠진 셈짱과 리나

여덟 번째 문제 _ 속력 ★ 101

이퀘이션 수학대회

아홉 번째 문제 _ 농도와 일 ★ 116

수학반지

부록 _ 심화학습 ★ 132

이퀘이션 왕국에서 날아온 초대장

차이

셈짱은 드르렁드르렁 코를 골며 나무 밑에서 낮잠을 자고 있었다. 어젯밤에 리나에게 수학을 가르치느라 고생한 탓이었다. '슈~웅' 하는 소리에 눈을 뜬 셈짱은 자리에서 벌떡 일어나 놀란 눈으로 뒤를 돌아보았다. 화살 하나가 나무에 박혀 있었고 화살에는 종이쪽지가 꽂혀 있었다.

"읍스."

하고 셈짱은 숲이 떠나갈 듯 비명을 질렀다. 화살이 날아오는 순간 자칫 일어나기라도 했다면 자신의 몸에 정통으로 박혔을 거라는 생각을 하니 갑자기 온몸에 소름이 돋았다. 심호흡을 여러 번

하고 셈짱은 침착하게 나무에서 화살을 뽑아 쪽지를 읽었다.

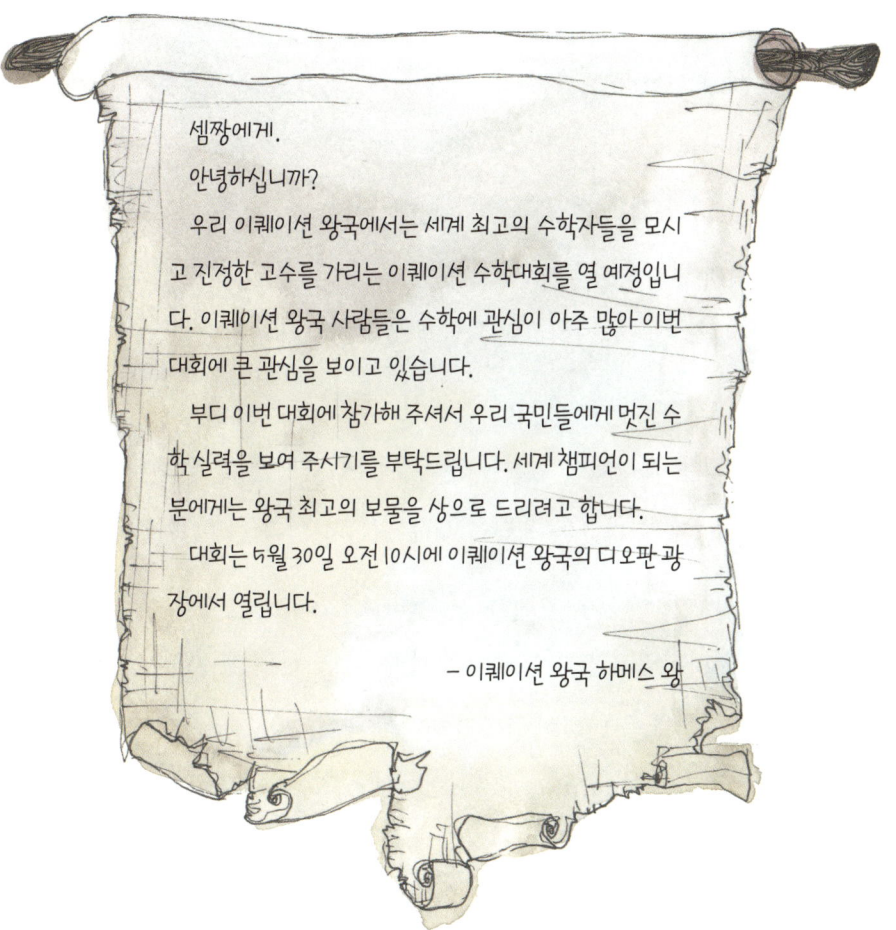

셈짱에게.

안녕하십니까?

우리 이퀘이션 왕국에서는 세계 최고의 수학자들을 모시고 진정한 고수를 가리는 이퀘이션 수학대회를 열 예정입니다. 이퀘이션 왕국 사람들은 수학에 관심이 아주 많아 이번 대회에 큰 관심을 보이고 있습니다.

부디 이번 대회에 참가해 주셔서 우리 국민들에게 멋진 수학 실력을 보여 주시기를 부탁드립니다. 세계 챔피언이 되는 분에게는 왕국 최고의 보물을 상으로 드리려고 합니다.

대회는 4월 30일 오전 10시에 이퀘이션 왕국의 디오판 광장에서 열립니다.

— 이퀘이션 왕국 하메스 왕

"이퀘이션 왕국이 어디지?"

셈짱은 고개를 갸우뚱거리다가 리나를 찾았다. 리나는 마침 산

정호수에서 멱을 감고 있었다.

"셈짱! 거기서 뭐 하는 거야?"

멱을 감다가 셈짱을 발견한 리나가 놀란 표정으로 소리쳤다. 그러고는 순식간에 마법을 걸어 셈짱의 눈에 아무것도 보이지 않는 안경을 씌워 버렸다. 리나는 천천히 옷을 갈아입고 셈짱에게 다가와 날카로운 목소리로 말했다.

"이 호수는 여탕이니까 근처에 얼씬도 하지 말라고 했지?"

"쏘리 쏘리! 이상한 편지가 와서……."

셈짱은 리나에게 편지를 건네주었다. 편지를 다 읽고 나서야 마음이 풀린 리나는 셈짱의 눈에 씌어져 있던 안경을 사라지게 했다.

"하마터면 영원히 심 봉사로 살 뻔했네……."

셈짱이 눈을 비비며 안도의 한숨을 내쉬었다.

"그런데 이퀘이션 왕국이 어디 있어?"

셈짱이 물었다.

"이퀘이션 왕국은 매쓰피아 왕국의 북서쪽에 있는 그린스 숲을 빠져나가면 나와. 그린스 숲에는 수학 몬스터들이 살고 있어."

리나가 초롱초롱한 눈으로 말했다.

"좋아, 드디어 내가 세계 최고의 수학자 지위에 오를 수 있는 기회가 왔군. 리나, 출동하자."

"오케이, 내가 너의 완벽한 코치가 되어 줄게."

"코치? 네 수학 실력으로 어떻게 나를 코치한다는 거야? 그냥 내 비서로 같이 가는 거지."

"비서라고? 얘가 아직 정신을 못 차렸군. 다시 장님으로 만들어 줄까?"

"아니…… 쏘리 쏘리……."

셈짱이 두 손으로 눈을 가린 채 뒷걸음질 치며 말했다. 두 사람은 산속 오두막으로 들어가 여행 떠날 채비를 하고는 산꼭대기에 서서 멀리 두꺼운 구름에 가려져 잘 보이지 않는 그린스 숲을 바라보았다. 셈짱은 그동안 배운 것을 써먹을 수 있는 절호의 기회라는 생각에 주먹을 불끈 쥐고 우승 결의를 다졌다.

리나는 주머니에서 깃털이 달린 조그만 펜을 꺼내더니

"터라기러 터라기러."

하고 주문을 외웠다. 그러자 조그만 깃털 펜이 셈짱 키의 두 배쯤 되는 크기로 변했다. 리나는 깃털 펜의 펜촉 아래 부분을 두 손으로 잡고, 두 다리를 펜대에 걸쳤다.

"뭐해? 빨리 타지 않고!"

리나가 멍하니 서 있는 셈짱에게 말했다.

"이걸 타라고?"

셈짱은 썩 내키지 않았지만 깃털 펜에 올라타 양손으로 리나의 허리를 잡았다.

"터라나라 터라나라."

리나가 주문을 외우자 두 사람을 태운 깃털 펜이 무서운 속도로 하늘로 솟구쳐 올랐다. 셈짱은 깜짝 놀라 눈을 질끈 감고 리나의 허리를 더욱 세게 움켜잡았다. 잠시 후 깃털 펜은 그린스 숲 입구에 착륙했다.

"이제부터는 걸어가야 해."

리나는 주문을 걸어 다시 깃털 펜을 작게 만든 후 등에 메고 있던 배낭 속에 넣었다.

"이퀘이션 왕국까지 곧장 날아갈 순 없어?"

셈짱은 수학 몬스터들을 만나는 것이 피곤하다는 생각이 들었는지 뽀로통한 표정으로 말했다.

"그린스 숲에는 문자와 식에 도통한 수학 몬스터들이 살고 있어. 여기서 지옥 훈련을 거친 후 대회에 참가해도 늦지 않아. 내가 코치니까 내 말대로 하는 게 좋을 걸! 그렇지 않으면 장님으로 만들어 이 숲에 혼자 내버려 둘 거야."

리나가 셈짱을 노려보며 말했다.

"그건 안 돼."

셈짱이 손사래를 쳤다.

그린스 숲은 수학 몬스터들이 어디서 튀어나올지 몰라 매쓰피아 왕국 사람들이 가기를 꺼려하는 곳이었다. 두 사람은 울창한 그린스 숲 사이로 난 오솔길을 따라 걸었다. 주위의 나무들이 키가 너무 크고 잎들이 수북하게 매달려 있어 태양빛이 잘 들어오지 않아서인지 한낮인데도 숲속은 어두웠다.

"왠지 으스스한데."

셈짱의 목소리가 가늘게 떨렸다.

"정신 바짝 차려! 이곳의 수학 몬스터들은 결코 만만한 상대가 아니야. 그들과의 게임에 지면 이 숲을 영원히 빠져나가지 못하고 숲속에서 굶어죽는다고 하니까."

리나가 휘청거리며 걸어가는 셈짱의 등을 밀며 말했다. 셈짱은 바짝 긴장한 표정으로 앞장서서 걸었다.

똑바로 뻗어 있는 오솔길이 오른쪽으로 약간 휘어졌다. 하지만 주위는 여전히 같은 모습이었다.

"호호호~"

"호호호~"

남자와 여자의 기분 나쁜 웃음소리가 동시에 들렸다.

"저게 뭐지?"

셈짱이 놀라 소리쳤다. 두 사람 앞에 몸통 하나에 머리가 둘 달린 몬스터가 나타났다. 두 머리 중 하나는 여자의 모습이고 다른 하나는 남자의

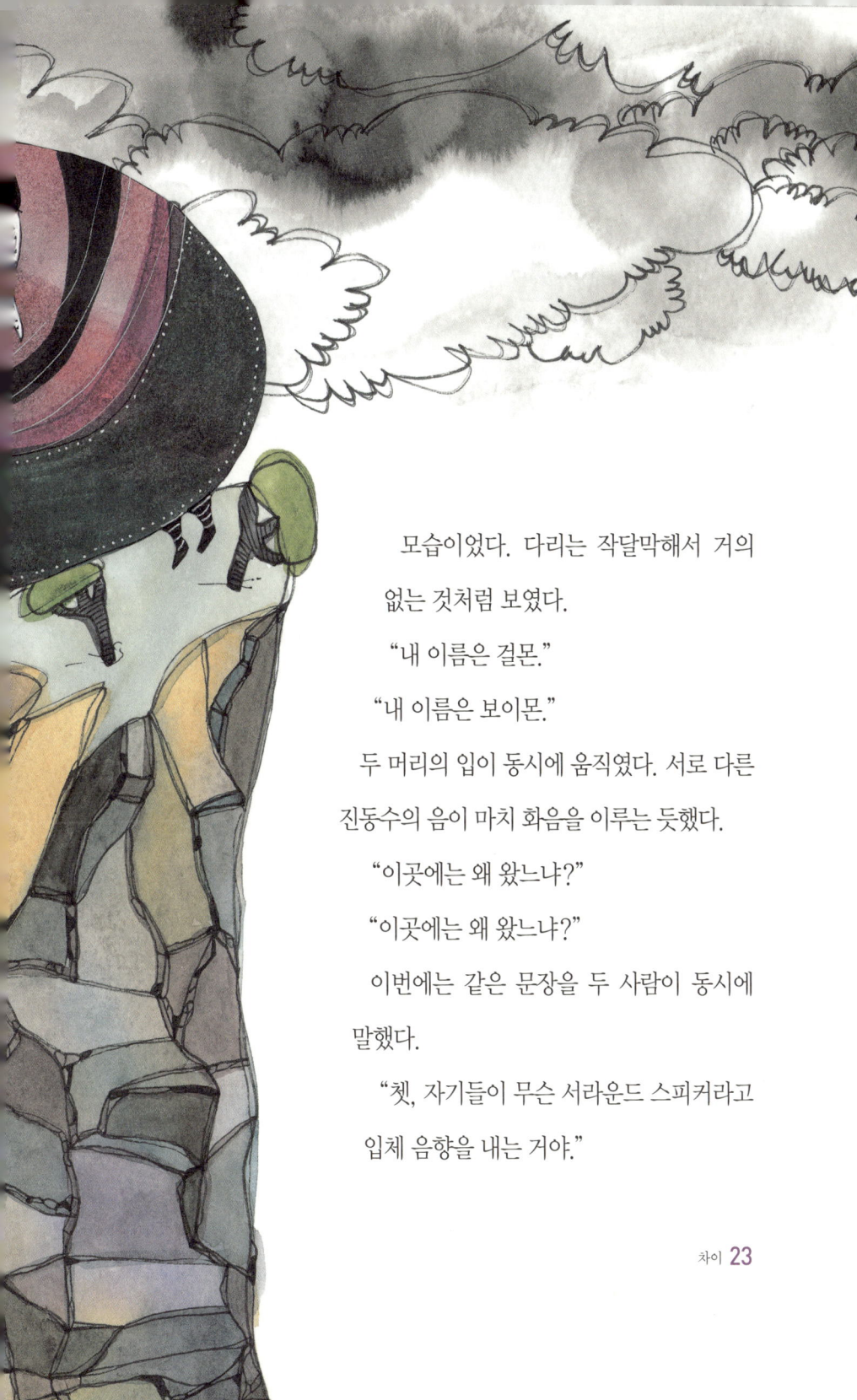

모습이었다. 다리는 작달막해서 거의 없는 것처럼 보였다.

"내 이름은 걸몬."

"내 이름은 보이몬."

두 머리의 입이 동시에 움직였다. 서로 다른 진동수의 음이 마치 화음을 이루는 듯했다.

"이곳에는 왜 왔느냐?"

"이곳에는 왜 왔느냐?"

이번에는 같은 문장을 두 사람이 동시에 말했다.

"쳇, 자기들이 무슨 서라운드 스피커라고 입체 음향을 내는 거야."

셈짱이 입을 삐죽 내밀며 혼잣말로 중얼거렸다. 셈짱의 말을 들었는지 걸몬과 보이몬이 동시에 눈꼬리를 치켜뜨고 셈짱을 노려보았다.

"오빠, 문제를 내서 저 건방진 놈의 콧대를 납작하게 해 줘."

"걸몬, 문제를 내서 저 건방진 놈의 콧대를 납작하게 해라."

두 개의 머리에서 동시에 소리가 들렸다.

"오빠? 그럼 저 두 사람이 동시에 태어난 게 아니란 말이야?"

셈짱이 머리를 긁적거렸다.

"우린 몸통이 먼저 태어났고 머리는 나중에 태어났어. 하나의 머리가 만들어지고 나서 몇 년 뒤에 두 번째 머리가 만들어졌지."

"우린 몸통이 먼저 태어났고 머리는 나중에 태어났어. 하나의 머리가 만들어지고 나서 몇 년 뒤에 두 번째 머리가 만들어졌지."

다시 두 개의 입에서 같은 소리가 났다.

"나는 여덟 살이고 오빠는 열네 살이야."

"걸몬은 여덟 살이고 난 열네 살이다."

걸몬과 보이몬은 같은 내용을 서로 다른 표현으로 말했다.

"걸몬, 보이몬! 문제를 말해라."

셈짱이 두 개의 얼굴을 노려보며 위엄 있게 말했다.

"좋아, 우리 둘의 나이의 합이 158세가 될 때 걸몬의 나이를 맞혀 봐. 제한 시간 안에."

"좋아, 우리 둘의 나이의 합이 158세가 될 때 보이몬의 나이를 맞혀 봐. 제한 시간 안에."

두 개의 목소리가 숲속에 메아리치는 순간, 갑자기 두 개의 머리가 사라졌다. 거북처럼 몸통 속으로 머리가 들어간 것이었다. 몬스터의 몸통에서 2:00이라는 숫자가 나타나더니 순식간에 1:59로 변했다. 아마도 타이머가 작동되는 듯했다.

"셈짱, 현재 걸몬은 여덟 살이고 보이몬은 열네 살이니까 1년 후면 걸몬은 아홉 살, 보이몬은 열다섯 살, 2년 후면 걸몬은 열 살, 보이몬은 열여섯 살, 3년 후면 걸몬은 열한 살, 보이몬은 열일곱 살, …… 이런 식으로 따지면 답이 나올 것 같은데……."

리나가 자신만만한 표정으로 말했다.

"타이머를 봐. 네가 3년 후까지 헤아리는 동안 벌써 10초가 지나갔어. 그런 식으로 하다간 타이머가 멈출 때까지 맞히는 건 불가능해."

셈짱이 다그치듯이 말했다.

"그럼 어떡하지?"

"이건 차이를 생각해야 하는 문제야."

"차이라니?"

"이런 걸 생각해 봐. 내가 너보다 3미터 앞에 있어. 두 사람이 같은 속도로 걸어가고 있다고 해 보자. 그러면 얼마의 시간이 흐른 뒤에 너와 나 사이의 거리는 어떻게 되지?"

"그야 3미터 그대로겠지."

"바로 그 논리를 이용하는 거야. 수학 문제는 다른 내용을 담고 있어도 사실은 같은 논리를 이용하는 문제들이 많아. 지금 내가 말한 문제를 나이로 바꾸면 이렇게 말할 수 있지. 내가 너보다 세 살 위야. 그럼 십 년 후 너와 나의 나이 차는 몇 살이지?"

"그야 당연히 세 살이지."

"봐, 완전히 같은 식을 사용하잖아."

"그렇구나."

리나가 고개를 끄덕였다.

"제법 똘똘한데."

"제법 똘똘한데."

보이몬과 걸몬이 동시에 다른 목소리로 말했다.

셈짱은 보이몬과 걸몬을 향해 손가락으로 승리의 브이 자를 만들어 보이고는 다시 리나에게 말했다.

"이 문제에서는 어느 해가 되든 걸몬과 보이몬의 나이 차는 항상 6이라는 점이 중요해. 보이몬의 나이가 항상 걸몬보다 여섯 살 위가 돼. 그러니까 걸몬과 보이몬의 나이의 합이 158세가 되었을 때도 걸몬의 나이보다 보이몬의 나이가 여섯 살 위야. 그러니까 158에서 6을 빼서 둘로 나누면 그것이 바로 걸몬의 나이가 되지. 즉, 걸몬의 나이는 76세가 되고 보이몬의 나이는 그보다 여섯 살 많은 82세가 돼."

"76+82=158. 정말 그렇네?"

리나는 신기해했다. 그러고는 다시 머리를 긁적이며 셈짱에게 물었다.

"그런데 왜 158에서 6을 빼서 2로 나눈 값이 걸몬의 나이가 되는 거지?"

"리나, 긴 끈과 짧은 끈이 나오게 해 줘."

셈짱의 말이 끝나기가 무섭게 리나는 공중을 바라보고는 "롱앤 쇼트, 디프 식스!"라고 주문을 외쳤다. 그러자 공중에 두 개의 끈이 나타났다. 빨간 끈은 길고 파란 끈은 짧았다.

"빨간 끈의 길이와 파란 끈의 길이를 합쳐서 158cm라고 해 봐. 그리고 빨간 끈이 파란 끈보다 6cm 길다고 해 봐. 이때 두 끈의 길이를 구해 보자. 리나, 이번엔 빨간 끈과 파란 끈의 길이가 같아지도록 만들어 줘."

셈짱이 시키는 대로 리나는 나란히 떠 있는 빨간 끈에서 파란 끈보다 튀어 나온 부분을 손으로 문지르더니 "딜리트!"라고 소리쳤다. 그러자 그 부분이 사라지면서 빨간 끈과 파란 끈의 길이가 같아졌다.

"두 끈의 길이가 같아졌지? 그럼 빨간 끈이 얼마나 줄어든 거지, 4cm?"

셈짱이 물었다.

"그야 두 끈의 길이 차가 6cm였으니까 6cm가 줄어들었지."

리나가 대답했다.

"그럼 길이가 같아진 두 끈의 길이를 더하면 얼마가 되지?"

"158에서 6을 빼면 되니까 152가 돼."

"두 끈의 길이가 같지? 그렇다면 파란 끈의 길이는 얼마야?"

"152를 2로 나누면 되니까 76이 돼."

"이제 끈의 길이를 나이로 생각해 봐. 빨간 끈의 길이를 보이몬의 나이, 파란 끈의 길이를 걸몬의 나이로 생각하면 같은 문제야."

셈짱이 리나에게 미소를 지으며 말했다. 리나는 셈짱이 시킨 대로 머릿속에서 두 문제를 비교해 보았다. 완벽하게 같은 문제였다. 두 사람은 손쉽게 첫 번째 몬스터인 걸몬과 보이몬을 물리쳤다. 걸몬과 보이몬의 머리가 몸통에서 다시 나오더니 민망한 표정을 지으며 총총걸음으로 숲 저편으로 사라졌다.

"리나, 아까 그 문제를 다르게 푸는 방법이 있어."

셈짱이 다시 길을 걸으며 리나에게 말했다.

"어떤 방법?"

리나가 관심 있는 얼굴로 되물었다.

"방정식을 이용하는 거야."

"그게 뭔데?"

"주어진 문제에서 구하고자 하는 것을 □라고 하고 □를 결정하는 식을 '방정식'이라고 해. 이 문제의 경우 걸몬의 나이를 □라고 하면, 보이몬은 걸몬보다 여섯 살 위니까 보이몬의 나이는 □+6이 되거든. 걸몬과 보이몬의 나이의 합이 158세이니까 이것을 식으로 세우면

$$□+□+6=158$$

이 돼. 이렇게 □가 나타나는 등호가 있는 식을 '방정식'이라고 하고, 이 식을 만족하는 □를 구하는 것을 '방정식을 푼다'고 말해. 이 방정식을 만족하는 □의 값은 76이잖아? 그러니까 걸몬의 나이는 76세가 되는 거야."

"왜 방정식이라는 이름을 붙였는데?"

"방정식은 중국 사람들이 만든 말이야. 지금으로부터 2,000년 전에 씌어진 중국 최초의 수학책『구장산술』에 방정식이라는 말이 처음 나오거든."

셈짱이 자세하게 설명해 주었다.

버드몬과 갈탱 무리

간격

 셈짱과 리나는 다시 울창한 숲길로 들어갔다.
 "이겼다. 또 이겼다! 승리의 셈짱이야~"
 셈짱은 숲이 떠나갈 듯 큰 목소리로 첫 승부에서의 승리를 자축하는 노래를 불렀다.
 "이제 첫 판을 치렀을 뿐이야. 이제부터 문자와 식에 대해 더 많은 문제를 풀어야 해."
 리나가 셈짱의 머리를 쥐어박았다.
 "에이, 이건 앞으로 계속 이기겠다는 각오를 다지는 응원가라고. 쳇, 아무것도 모르면서……."

셈짱은 기분이 상한 듯 입을 삐죽 내밀었다.

갑자기 두 사람 앞에 초록색 연기가 피어올랐다. 연기는 점점 더 자욱해지더니 짙은 안개처럼 숲속을 뒤덮었다. 이제 한 치 앞도 내다볼 수 없었다.

잠시 후 초록색 안개가 걷히면서 곧게 뻗은 도로가 나타났다. 도로의 폭은 2미터 남짓 했다. 도로 가장자리에는 일정한 간격으로 갈치처럼 생긴 동물들이 똑바로 서 있었다. 동물들은 바다 속에 사는 갈치처럼 생겼지만 작달막한 두 개의 다리를 가지고 있었고 지느러미 대신 짧은 두 손이 달려 있었다.

그때 두 사람의 눈앞에 커다란 날개가 붙어 있고 우락부락한 얼굴을 가진 몬스터가 나타났다.

"나는 버드몬이다. 악명 높은 그린스 숲에 온 것을 환영한다."

버드몬이 날개를 푸드득거리며 날아와 눈꼬리를 날카롭게 치켜뜨고는 두 사람을 노려보며 말했다.

"우린 어떤 문제든 해결할 수 있어. 난 수학 게임이라면 자다가도 벌떡 일어나거든. 너 같은 몬스터 따위가 어찌 인간의 수학을 이길 수 있다고 생각하지?"

셈짱이 마치 눈에서 레이저 빔이라도 나올 것처럼 강렬한 눈빛으로 버드몬을 쏘아보며 말했다.

"자만심이 도가 지나치군. 넌 고작 인간 중에서 수학을 잘하는 것뿐이야. 인간이 몬스터보다 열등하다는 것을 반드시 보여 주고 말겠어. 좋아, 게임을 시작하자."

버드몬이 셈짱과 시선을 맞추며 말했다.

"좋다. 어떤 문제든 도전을 받아 주겠다."

셈짱이 버드몬을 쏘아보며 말했다. 셈짱의 모습에는 용맹한 장수 같은 의연함이 엿보였다.

"앞에 똑바로 뻗은 도로가 보이지? 도로의 가장자리에는 3미터 간격으로 갈탱이라는 동물들이 서 있다. 첫 번째 갈탱이 있는 곳부터 마지막 갈탱이 있는 곳까지의 거리를 구하면 돼. 마지막 갈탱이 있는 곳은 낭떠러지야. 마지막 갈탱에게 정확한 거리를 말하지 못하면 끝없는 낭떠러지로 떨어지게 될 것이다. 흐흐흐~"

버드몬이 음흉하게 웃으며 말했다.

'낭떠러지? 추락?' 셈짱은 갑자기 두려운 마음이 들었다. 아직 추락사로 죽기에는 자신이 살아온 삶이 너무나 짧다는 생각이 들어서였다.

"좋아, 게임에 응하겠어."

셈짱이 당찬 표정으로 말했다.

그때 갑자기 여섯 개의 다리를 가진 이상한 짐승이 두 사람 앞에 나타났다. 몸통은 소, 머리는 돼지처럼 생겼지만 다리는 곤충처럼 여섯 개가 붙어 있는 신기한 동물이었다.

"탈피라는 동물이 너희들을 태우고 갈 거야. 멀리서 오신 손님을 걸어가게 할 수는 없지. 이래봬도 이 버드몬 님은 예의가 바른 몬스터라고."

버드몬의 말이 끝나기가 무섭게 탈피가 두 사람 앞으로 와서 고개를 숙이고는 입을 열었다.

"타세요."

말을 할 줄 아는 동물이었다. 두 사람은 버드몬이 시킨 대로 탈피의 등에 올라탔다. 등 위에 잔털이 나 있어 푹신했다.

"잘해 봐. 이 정도 문제는 풀 수 있겠지?"

버드몬이 빈정거리는 투로 말했다.

"이제 갑니다."

탈피가 두 사람에게 정중하게 말하고는 양 옆에 갈탱이 줄지어서 있는 길로 접어들었다.

"갈탱의 개수를 알면 거리를 구할 수 있을 거야."

셈짱이 버드몬이 낸 문제 때문에 고민하는 리나를 바라보며 말했다.

셈짱은 머릿속으로 식을 세워 보았다. 일단은 갈탱의 개수를 정확하게 헤아리는 데 집중하는 것이 중요했다.

셈짱은 갈탱 하나를 지나칠 때마다 반장 선거를 할 때 표시하는 방법으로 메모지에 숫자를 표시해 나갔다. 다섯 번째 갈탱을 지났을 때 셈짱의 노트에는 正이라는 표시가 그려졌다. 正이 두 번 나타나면 열 개의 갈탱을 지난 것이므로 두 개의 正을 동그라미로 함께 묶었다.

갈탱은 수없이 많이 나타나 셈짱의 노트에는 正이라는 표시가 무수히 많이 그려졌다.

"정신 똑바로 차려야 해. 하나라도 놓치게 되면 첫 번째 갈탱에서부터 마지막 갈탱까지의 거리를 정확하게 계산할 수 없어."

셈짱은 스스로에게 주문을 걸었다. 잘못 헤아릴 경우 깊이를 알 수 없는 낭떠러지로 추락해야 하다니! 셈짱은 눈에 힘을 잔뜩 주고 도로의 가장자리를 주시했다. 갈탱을 하나도 놓치지 않기 위해서였다.

"혹시 지금까지 빼먹은 갈탱은 없겠지?"

리나가 걱정스러운 듯 셈짱의 등에 대고 말했다.

"없어. 내가 눈에 얼마나 힘을 주고 헤아렸는데……."

셈짱은 속으로 불안한 마음이 들었지만 리나를 안심시키는 투로 말했다. 걱정보다는 앞으로 남은 갈탱의 수를 정확하게 기록하는 것이 더 중요한 일이었다.

얼마나 시간이 흘렀을까? 셈짱의 눈은 점점 벌겋게 충혈되기 시작했다. 졸라맨처럼 가느다란 몸통을 가진 갈탱을 헤아리느라 눈이 빠질 정도로 집중해서였다.

"언제 마지막 갈탱이 나오는 거지?"

셈짱이 하소연하듯 말했다.

"이제 하나 남았습니다."

탈피가 말했다.

"하나? 우와! 희망이 보이네."

셈짱은 마지막 갈탱이 나오자 노트에 재빨리 표시했다.

"이제 내리세요."

탈피는 두 사람이 편하게 내릴 수 있도록 바닥에 엎드렸다. 두 사람은 탈피의 등에서 내렸다. 셈짱은 노트를 두 손으로 꼭 쥐었다.

"갈탱은 전부 몇 마리일까?"

셈짱은 노트를 펼쳤다.

正正 正正 正正 正正 正正 正正 正正 正

"갈탱은 모두 85마리군. 갈탱과 갈탱 사이의 거리가 3미터이고 갈탱의 개수가 85개이니까 거리는 85×3＝255(미터)일까? 수학 몬스터가 이렇게 단순한 문제를 낼 리가 없는데……."

셈짱은 혼잣말로 중얼거렸다. 뭔가 찜찜한 생각이 들었다. 셈짱은 리나의 표정을 살폈다. 말은 안 했지만 얼굴을 심하게 찡그린 것으로 보아 셈짱의 계산이 틀렸다고 말하는 듯했다.

셈짱은 갑자기 무언가 생각이 난 듯 리나에게 소리쳤다.

"리나, 나뭇가지를 두 개 꽂아 줘."

리나는 영문도 모른 채 같은 모양의 나뭇가지를 마법으로 만들어 다음과 같이 바닥에 꽂았다.

"뭐 하는 건데?"

리나가 물었다.

"정확한 식을 만들기 위해선 귀납적으로 생각할 필요가 있어."

셈짱이 말했다.

"귀납적? 그게 뭔데?"

"중세 철학자들은 진리를 찾는 방법으로 두 가지를 이용했어. 하나는 경험론이고 다른 하나는 합리론이야."

"점점 어려워지는데?"

"합리론은 처음에 데카르트가 주장했는데 진리를 찾기 위해서 의심의 여지가 없는 확실한 기초를 찾는 작업이 먼저 수행되어야 했지. 수학에서는 이 기초를 '명제'라고 불러. 이렇게 확실한 명제들로부터 수학적 진리를 찾는 방법을 '연역법'이라고 해."

"그렇다면 귀납법은 경험론하고 관계가 있겠구나?"

"물론이야. 경험론의 시조는 영국의 철학자 베이컨이야. 그는 진리를 알려면 세상을 잘 관찰하고, 그러한 관찰을 바탕으로 진리를 찾아 나가야 한다고 말했지. 그래서 관찰하여 자료만 모으는 사람을 '개미'라고 불렀어. 또 관찰은 하지 않고 생각만 하는 사람은 머릿속에서 이야기를 술술 풀어나가기 때문에 '거미'라고 불렀고, 관찰을 바탕으로 진리를 창조하는 사람을 '꿀벌'에 비유했어. 수학에서는 이렇게 특별한 몇 가지 경우로부터 일반적인 진리를 찾아내는데, 이때 사용되는 수학적인 방법을 '귀납법'이라고 불러."

셈짱이 장황하게 설명했다.

"오늘은 수학이 아니라 철학 강의군."

리나가 내뱉듯이 말했다.

"수학과 철학은 뿌리가 같아. 좋아, 다시 우리의 문제로 돌아가자. 리나, 나뭇가지가 두 개일 때는 간격이 몇 개 생기지?"

"그야 한 개지."

"좋아, 나뭇가지 한 개를 더 꽂아 줘."

리나는 셈짱이 시키는 대로 했다.

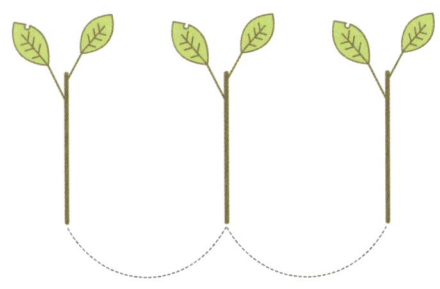

"나뭇가지가 세 개일 때는 간격이 몇 개 생겨?"

셈짱이 물었다.

"두 개."

리나는 뭔가 규칙을 알아낸 듯 입가에 미소를 지으며 나뭇가지 한 개를 더 꽂았다.

"나뭇가지가 네 개일 때는 간격이 세 개 생겨. 그러니까 일정한 간격으로 나뭇가지가 꽂혀 있을 때 생기는 간격의 수는 나뭇가지의 수보다 한 개가 작아. 이게 바로 귀납적으로 사고한 결론이구나?"

리나가 오른손 주먹을 불끈 쥐며 말했다.

"맞아. 나뭇가지가 두 개, 세 개, 네 개인 경우에 생기는 간격의 수가 나뭇가지의 개수보다 하나 작다는 사실을 발견했으니까 일반적으로 나뭇가지의 개수가 더 많아져도 같은 공식이 성립할 거라는 진리를 얻게 된 거지."

셈짱이 큰 소리로 말했다.

"그럼 갈탱을 나뭇가지라고 생각하면, 갈탱이 85개니까 갈탱들이 만든 간격의 수는 이보다 하나 작은 84개가 돼. 갈탱과 갈탱 사이의 거리가 3미터니까 첫 번째 갈탱에서 마지막 갈탱까지의 도로의 길이는 $84 \times 3 = 252$(미터)야."

리나가 셈짱의 말을 이어 말했다.

"대단한 녀석들이군."

버드몬은 얼굴을 약간 찡그리더니 힘차게 날갯짓을 하고는 하늘로 날아 올라 자취를 감추었다. 셈짱은 리나와 하이파이브를 하고 버드몬과 겨룬 게임에서의 승리를 자축했다.

"리나, 간격 문제를 푸는 방법은 두 가지가 있어. 공식이 달라지는 유형이지. 귀납적인 사고로 한번 풀어 봐."
셈짱이 리나에게 말했다.
"어떤 문젠데?"
리나가 어깨를 으쓱하며 말했다.
"닫힌 도로의 간격 문제야."
셈짱은 바닥에 동그란 길을 그리고는 나뭇가지 네 개를 일정한 간격으로 꽂았다.
"간격의 개수가 몇 개지?"
셈짱이 물었다.
"네 개. 어라? 이번에는 하나를 빼지 않아도 되네?"
리나가 나뭇가지와 나뭇가지 사이의 간격을 차례로 헤아리고는 대답했다.

"나뭇가지의 개수와 간격의 개수가 같지? 이렇게 닫힌 도로에서는 간격의 개수와 나뭇가지의 개수가 같아진다는 것을 명심해."

"이제 이런 문제는 나도 풀 수 있을 것 같아."

"그럼 문제를 낼 테니 한번 맞혀 봐. 한 변의 길이가 9미터인 정사각형 도로에 3미터 간격으로 나뭇가지를 꽂으면 나뭇가지는 모두 몇 개가 필요할까?"

"둘레의 길이는 4×9＝36(미터)이고 간격의 길이는 3미터이니까 36÷3＝12(개)가 돼."

리나는 이렇게 말하고는 바닥에 정사각형을 그리고 나뭇가지를 꽂았다.

리나의 말대로 나뭇가지는 열두 개면 충분했다. 리나는 이제 간격에 대해서는 어떤 문제를 들이대도 모두 맞힐 수 있을 것 같은 자신감이 생겼다. 리나의 수학 실력이 점점 늘어 가는 모습을 지켜보며 셈짱의 입가에 밝은 미소가 감돌았다.

픽토도사의 제자 매씨아

그림으로 풀기

한참을 걸었지만 지루할 정도로 똑같은 모습만 계속 나타났다. 울창한 숲속의 오솔길은 이상하리만치 고요했다. 새 한 마리, 벌레 한 마리도 보이지 않았다.

"너무 으스스한데."

셈짱이 조그만 목소리로 말했다.

"긴장해. 언제 몬스터가 나타날지 모르니까."

리나는 담담한 어조로 말했다.

그때 어디선가 여자아이의 목소리가 들려왔다.

"무슨 소리지?"

셈짱은 소리가 나는 쪽으로 귀를 기울여 보았다. 하지만 여자 아이의 모습은 커녕 어떤 생명체도 보이지 않았다. 셈짱은 리나의 앞을 지나쳐 소리가 나는 방향으로 성큼성큼 걸어갔다. 소리가 점점 가까워졌는데, 이상하게도 위쪽에서 들려왔다.

"천사의 목소린가?"

셈짱은 고개를 흔들었다. 자신이 잘못 들은 건 아닌지 확인하기 위해서였다.

"너희들, 수학대회에 참가하려는 거지?"

다시 여자아이의 목소리가 들렸다.

"대체 어디서 나는 소리야?"

셈짱은 소리가 나는 쪽을 향해 고개를 번쩍 들었다. 나무 위에 여자아이 하나가 원숭이처럼 매달려 있었다. 여자아이는 능숙한 솜씨로 바닥으로 뛰어내렸다. 체조 선수처럼 안정된 착지였다. 여자아이는 셈짱과 비슷한 나이 정도로 보였는데 눈이 부실 정도로 예뻤다.

"넌 누구지? 몬스터치고는 너무 사람같이 생겼는데?"

셈짱이 의아한 듯 물었다.

"난 몬스터가 아니라 매쓰피아 왕국에 사는 매씨아라고 해. 나도 수학대회에 참가하려고 가는 중이야."

여자아이가 방긋 웃으며 말했다.

"그럼 우린 경쟁자인 셈인가?"

"경쟁자라고 할 순 없지. 우승은 내가 할 테니까."

매씨아가 입꼬리를 치켜들고 묘한 웃음을 지으며 말했다.

"무슨 소리야? 나도 한 수학한다고. 돌아가신 매쓰피아 왕국 최고의 수학자인 수리도사님이 나의 스승이셨어."

셈짱이 당당한 표정으로 말했다.

"수리도사님의 명성은 잘 알고 있지. 하지만 나의 스승인 픽토도사님 역시 천재 수학자셔."

매씨아가 어깨를 으쓱거리며 말했다. 또박또박 말하는 모습에서 굉장한 자신감을 읽을 수 있었다.

"픽토도사 얘기는 할아버지에게 들은 적이 있어. 하지만 그분은 돌아가셨다고 하던데……."

리나가 약간 놀란 표정으로 말했다.

"아직 살아계셔. 지금은 세상을 등진 채 아이솔 동굴에서 그림을 이용하여 수학 문제를 푸는 방법을 개발하고 계시지. 난 그분에게 그림으로 수학 문제를 푸는 방법을 배웠어. 문자와 식 문제는 그림을 이용하면 쉽게 풀 수 있거든."

매씨아가 침착하게 말했다.

"그림으로 수학 문제를 푼다고? 말도 안 돼."

리나가 입을 삐죽거리며 말했다.

"그럼 넌 그림을 이용해 문제를 풀어 본 적이 한번도 없단 말이야?"

"물론이지. 수학 문제를 어떻게 그림을 이용해서 푼다는 거야?"

"좋아, 내가 그림으로 문제를 푸는 방법의 진수를 보여 주지.

201×201을 머리셈으로 계산해 봐."

"엥? 그걸 어떻게 머리셈으로 계산해? 머리셈을 잘한다고 수학을 잘하는 게 아니야. 계산만 빠르게 한다고 수학을 잘하는 게 아니니까. 어디서 머리셈 훈련은 좀 했나 보군."

"난 계산이 전부라고 말한 적 없는데. 하지만 머릿속에 그림을 그리면 이런 복잡한 곱셈도 얼마든지 쉽게 계산할 수 있어."

"믿을 수 없어……."

리나는 매씨아의 말이 잘 이해가 되지 않았다. 세 자릿수와 세 자릿수의 곱셈을 머리셈으로 계산한다는 것은 리나에게는 불가능한 일이었기 때문이다.

매씨아는 두 사람을 보고 방긋 웃더니 마법으로 공중에 다음과 같이 그렸다.

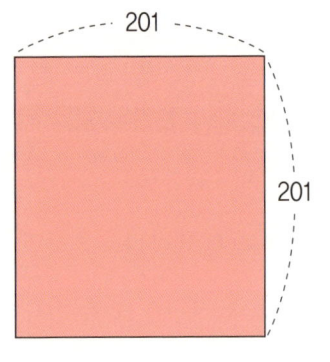

"201×201은 한 변의 길이가 201인 정사각형의 넓이야."

매씨아가 그림을 가리키며 말했다.

"그 정도는 나도 알아."

리나는 자신을 무시하는 듯

한 매씨아의 말투에 화가 난 듯 퉁명스럽게 대꾸했다. 셈짱은 뭔가를 알고 있는 듯 입가에 미소만 지을 뿐 잠자코 보고만 있었다.

매씨아는 정사각형을 다음과 같이 네 토막으로 갈라놓았다.

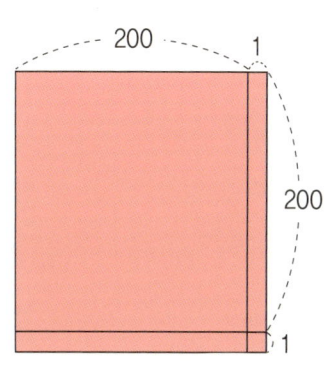

"한 변의 길이가 201인 정사각형의 넓이는 한 변의 길이가 200인 정사각형의 넓이, 두 변의 길이가 200과 1인 두 개의 직사각형의 넓이, 두 변의 길이가 1인 정사각형의 넓이의 합이 되지."

매씨아는 네 개의 사각형을 분리시켜 다시 그렸다.

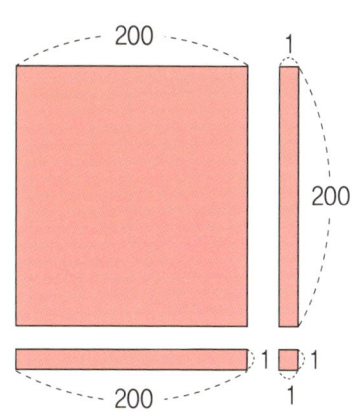

"201×201은 200×200+200×1+1×200+1×1이 되잖아? 이 계산은 누구나 머리셈으로 할 수 있어. 그러니까 201×201=40000+400+1=40401이 되는 거야. 자, 하

나 더 가르쳐 줄게. 그럼 이번에는 201×199를 머리셈으로 계산해 보자."

매씨아가 신난 표정으로 말했다.

"이것도 그림으로 계산할 수 있어?"

리나가 물었다.

매씨아는 고개를 끄덕거리고는 다음과 같이 그렸다.

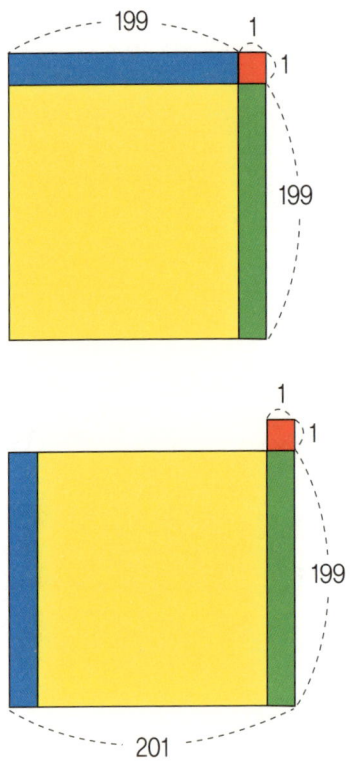

"커다란 정사각형은 한 변의 길이가 200이야. 그림에서 파란색 부분은 가로의 길이가 199이고 세로의 길이가 1이지? 그러니까 초록색 직사각형의 넓이와 같아. 파란색 부분을 세워서 노란색의 왼쪽에 붙여 봐."

매씨아는 이렇게 말하고는 왼쪽과 같이 다시 그렸다.

"그러니까 201×199는 파란색 사각형과 노란색 사각형, 초록색 사각형의 넓이의 합이야. 이것은 한 변의 길이가 200인 정사각형의 넓이에서 빨간색 사각형의 넓이를 뺀 것과 같지. 그러니까 201 × 199 = 200 × 200 − 1 × 1 = 39999가 되는 거야."

매씨아는 자신의 설명에 만족한 듯 함박웃음을 지으며 말했다.

"이렇게 그림으로 수학 공식을 찾는 방법을 처음 알아낸 수학자가 누군지 알아?"

매씨아가 셈짱에게 물었다.

"픽토도사인가?"

셈짱이 머리를 긁적이며 자신 없는 얼굴로 말했다.

"픽토도사님이 처음 개발한 방법은 아니야. 고대 그리스 시대의 위대한 수학자인 유클리드가 이 방법을 처음 알아냈어. 유클리드는 그림을 이용해서 수와 식을 계산하는 간단한 방법들을 알아내고 자신의 저서인 『원론』이라는 책에 이 내용을 수록했지. 『원론』은 13권으로 이루어진 방대한 책으로, 수와 식에 대한 이론뿐 아니라 도형의 성질에 대한 주옥같은 내용들이 정리되어 있어 세상에서 가장 오래된 수학 교과서라고 불리고 있어. 픽토도사님은 그 책을 수십 번 넘게 공부하여 유클리드의 그림으로 푸는 수학 방법을 완전히 터득해 나에게 가르쳐 주신 거야."

"나도 한번 읽어 봐야겠어."

"너 정도 실력으로는 아마 읽기 힘들 거야."

매씨아가 비아냥거리듯 말했다. 자신이 셈짱보다 한 수 위라고 여기는 듯한 표정이었다.

"좋아! 그림으로 푸는 또 다른 문제를 보여 줄게."

"뭔데?"

"37×28+37×72를 계산해 봐."

"머리셈으로?"

셈짱이 놀란 눈으로 물었다.

"아니, 그림으로."

매씨아가 생긋 웃으며 말했다. 셈짱은 머리셈으로 두 개의 곱셈을 계산해 보려고 애썼지만 만만치 않아 계속 헤매고 있었다.

그러자 매씨아가 슬몃 웃으며 왼쪽과 같은 그림을 그렸다.

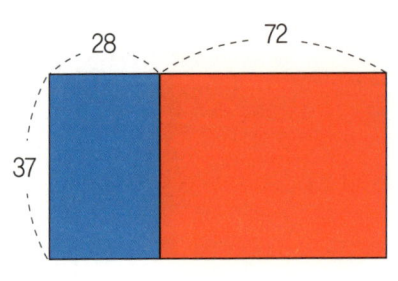

"37×28은 파란색 사각형의 넓이이고 37

×72는 빨간색 사각형의 넓이야. 그러니까 37×28+37×72는 빨간색 사각형과 파란색 사각형의 넓이의 합이 되지. 이것은 가로의 길이가 28+72=100이고 세로의 길이가 37인 직사각형의 넓이와 같으니까

$$37×28+37×72=37×(28+72)=37×100=3700$$

이 돼. 이것을 '분배법칙'이라고 해."

"곱셈 문제를 그림으로 풀 수 있다니 정말 멋진 방법이야. 역시 픽토도사는 신기한 방법을 잘 찾아내는군."

셈짱이 감탄한 듯 말했다.

수리도사와 픽토도사는 함께 공부한 친구 사이로, 두 사람 모두 젊은 시절에는 매쓰피아 왕실의 수학자였다. 그러나 간신들의 모함 때문에 왕실에서 쫓겨난 픽토도사는 그 뒤 행방불명이 되었다고 한다. 모두들 픽토도사가 죽은 줄로 알고 있었는데 그가 아직 살아 있고 매씨아라는 제자를 키우고 있다는 사실을 알게 된 리나는 갑자기 할아버지 수리도사가 살아계셔서 이 사실을 알면 얼마나 좋아하실까, 하는 생각에 눈시울이 붉어졌다. 리나는 매씨아를 존경스러운 눈빛으로 바라보면서 생전 처음 보는 문제 해

결 방법에 놀라움을 감추지 못했다.

"그럼 대회에서 보자."

매씨아는 두 사람에게 작별 인사를 하고는 총총히 사라졌다. 리나는 셈짱을 흘깃 보았다. 셈짱 역시 약간 의기소침해 있었다. 아마도 매씨아의 새로운 방법에 놀라 기가 약간 죽은 듯했다.

"셈짱, 기죽을 거 없어. 매씨아는 네 적수가 되지 못할 거야."

리나가 셈짱의 어깨를 툭 치며 격려했다.

"나도 알아. 하지만 그림으로 수학 문제를 해결하면 계산 속도가 빨라질 거 아냐. 어차피 두 사람이 답을 모두 알아도 계산을 먼저 마친 사람이 이기는 거잖아. 그게 조금 걱정이 될 뿐이야."

셈짱은 고개를 떨어뜨린 채 자신 없는 목소리로 말했다. 리나는 더 이상 셈짱에게 말을 걸지 않았다. 그사이에 날은 이미 어둑어둑해져 있었다. 리나는 마법으로 두 개의 텐트를 만들었다. 고요한 그린스 숲에서 두 사람은 깊은 잠에 빠져 들었다.

살아 있는 종이 뱀

공통 빼 주기

다음날 아침, 셈짱과 리나는 다시 길을 나섰다. 역시나 주위의 모습은 그대로였다. 하지만 셈짱에게는 숲의 나무들도, 나뭇잎들 사이로 희미하게 비쳐 드는 태양빛도 보이지 않았다. 셈짱의 머릿속에는 온통 매씨아의 모습뿐이었다.

'내가 과연 매씨아를 이길 수 있을까?'

셈짱은 어젯밤 매씨아의 완벽한 강의를 떠올리며 고개를 떨어뜨렸다. 셈짱에게 새로운 자신감을 줄 수 있는 뭔가가 필요할 듯했다.

"흐흐흐~"

그때 숲속을 뒤흔드는 기분 나쁜 웃음소리가 들렸다. 한 손에는 커다란 채찍을 들고 다른 한 손에는 종잇조각을 들고 있는 몬스터가 두 사람 앞에 모습을 드러냈다.

"난 페이퍼몬이다. 나와의 게임은 아주 스릴 있을 걸!"

페이퍼몬이 두 사람을 번갈아 보며 말했다.

"무슨 게임인데 이렇게 설레발을 치는 거지?"

셈짱이 의젓한 태도로 물었다.

"이 종잇조각은 가로가 10cm이고 세로가 1cm야."

페이퍼몬은 이렇게 말하고는 종잇조각을 땅바닥에 떨어뜨렸다.

파다닥~ 파다닥~

종잇조각이 마치 살아 있는 뱀처럼 땅에서 파닥거리는 소리가 들렸다. 셈짱과 리나는 놀란 눈으로 움직이는 종잇조각을 바라보았다.

"복제!"

페이퍼몬이 쩌렁쩌렁한 목소리로 소리쳤다. 그러자 똑같은 모양의 종잇조각이 수도 없이 만들어지더니 바닥에서 뱀처럼 파닥거리기 시작했다.

"종잇조각은 모두 230장이다."

페이퍼몬이 말했다.

"대체 뭘 알아내라는 거지?"

셈짱이 물었다.

"성질도 급하긴……. 좀 기다려 봐. 신기한 마법을 보여 줄 테니까."

페이퍼몬은 이렇게 말하고는 종잇조각들을 향해 오른손에 쥔 채찍을 휘둘렀다. 그러자 종잇조각들이 서로 이어 붙기 시작하더니 아주 기다란 모양으로 변해 흐느적거리면서 바닥을 기어 다니기 시작했다.

"종잇조각이 연결된 부분의 길이는 2cm다. 그렇다면 이 종이 뱀의 전체 길이는 얼마일까? 그것이 너희가 해결해야 할 문제야."

페이퍼몬은 이 말을 남기고 총총걸음으로 눈앞에서 사라졌다.

이제 숲속에는 기다란 종이 뱀과 두 사람만이 남았다. 종이 뱀은 에스 자 모양으로 구불거리며 셈짱을 향해 기어 왔다. 모습만 종이였지 뱀이 움직이는 것과 완전히 똑같았다.

"뱀이 기어 와."

리나가 뒤로 물러서며 놀라 소리쳤다.

"뱀은 무슨 뱀이야. 종이 쪼가리에 불과한데……."

셈짱은 아무렇지도 않은 표정으로 말했다.

그런데 갑자기 종이가 두툼해지더니 비늘 모양의 무늬가 생기고 누르스름한 색으로 변하기 시작하면서 혀를 날름거리는 진짜 뱀으로 변신했다. 뱀은 종이 뱀이었을 때보다 더욱 빠르게 두 사람을 향해 돌진했다. 두 사람은 소스라치게 놀라 옆에 있던 나무 위로 올라갔다. 그러자 뱀도 나무를 타고 올라오기 시작했다.

"어서 문제를 맞혀!"

뱀이 혀를 날름거리며 말했다. 뱀도 마법의 힘에 의해 사람과 똑같이 말을 할 수 있었다.

"어떡해. 뱀이 가까이 오고 있어. 이제 더 이상 피할 곳도 없어.

길이가 10cm인 끈 230장이 붙었으니까 뱀의 길이는 10 × 230 = 2300(cm)이 되는 거 아닌가?"

리나는 1미터쯤 아래에서 혀를 날름거리며 자신을 노려보고 있는 뱀을 보고는 두려움에 떨리는 목소리로 말했다.

"이어 붙인 부분이 있잖아."

셈짱이 다그치듯 말했다.

"맞아, 이어 붙인 부분만큼 길이가 줄어들겠지?"

리나가 고개를 끄덕였다.

"리나, 아무래도 규칙을 찾아봐야겠어. 가로의 길이가 10cm이고 세로의 길이가 1cm인 직사각형 모양의 종이를 여러 장 만들어 줘."

셈짱이 다급하게 소리쳤다. 리나는 마법으로 다음과 같은 모양의 종이를 여러 장 만들어 셈짱에게 건네주었다.

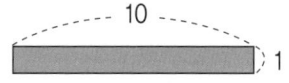

셈짱은 겹친 부분의 길이가 2cm가 되도록 세 장의 종잇조각을 이어 붙였다. 그러고는 겹친 부분과 그렇지 않은 부분은 다른 색

으로 표시했다.

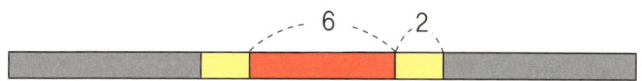

"세 장을 이어 붙이면 겹친 부분이 두 군데가 생겨. 노란색으로 표시한 부분 말이야. 그리고 회색으로 칠한 부분은 원래의 길이에서 겹쳐진 부분의 길이를 뺀 길이와 같고, 빨간색으로 칠한 부분은 원래의 길이에서 겹친 부분의 길이의 2배를 뺀 길이가 돼."

셈짱은 리나가 만들어 준 마법 칠판에 다음과 같이 써 내려가기 시작했다.

회색 부분의 길이 = 원래의 길이 − 겹친 부분의 길이

빨간색 부분의 길이 = 원래의 길이 − 2 × 겹친 부분의 길이

전체 길이는 회색 부분의 길이의 2배와 노란색 부분의 길이의 2배와 빨간색 부분의 길이의 합이므로

전체 길이 = 회색 부분의 길이 + 노란색 부분의 길이 + 빨간색 부분의 길이 + 노란색 부분의 길이 + 회색 부분의 길이

가 되었다. 그런데

    회색 부분의 길이 + 노란색 부분의 길이 = 원래 종이의 길이

이므로

    전체 길이 = 원래 종이의 길이 + 빨간색 부분의 길이 +

    원래 종이의 길이

가 되었다. 또한,

    빨간색 부분의 길이 = 원래의 길이 - 2 × 노란색 부분의 길이

이므로

    전체 길이 = 원래의 길이 + 원래의 길이 - 2 ×

    노란색 부분의 길이 + 원래의 길이

    = 3 × 원래의 길이 - 2 × 노란색 부분의 길이

라는 공식을 만들 수 있었다.

"셈짱, 아직 계산 안 끝났어?"

리나가 나뭇가지에 대롱대롱 매달린 채 힘들어 죽겠다는 표정

으로 말했다.

"공식을 만들었어. 길이가 10cm인 종이 230장을 겹친 부분이 2cm가 되도록 이어 붙인 것이니까 뱀의 길이는

$$10 \times 230 - 229 \times 2 = 1842(cm)$$

가 돼."

셈짱이 큰 소리로 말했다.

순간 셈짱의 발치까지 가까이 왔던 뱀의 모습이 눈앞에서 사라졌다. 나무 아래에 꿈틀거리며 땅속으로 기어 들어가는 조그만 지렁이 한 마리가 희미하게 보일 뿐이었다.

"뱀이 지렁이로 변했어. 답이 맞나 봐."

리나의 목소리가 다시 밝아졌다.

두 사람은 나무를 타고 내려왔다. 지렁이로 변한 뱀은 이미 땅속으로 사라진 뒤였다. 땅에는 지렁이가 뚫고 들어간 작은 구멍만이 남아 있었다.

"셈짱, 잘했어."

리나가 칭찬해 주었다.

"이 정도쯤이야. 이건 공통을 빼 주는 문제 유형이야."

셈짱이 나무에 너무 오래 매달려 있어 몹시 아팠는지 팔을 흔들며 말했다.

"공통을 빼 주는 또 다른 문제는 어떤 게 있는데?"

리나가 호기심 어린 표정으로 물었다.

"이런 문제를 생각해 봐. 어떤 몬스터 부족이 있는데 그들 중 바나나를 좋아하는 몬스터가 35명, 멜론을 좋아하는 몬스터가 27명이야. 바나나와 멜론을 모두 좋아하는 몬스터가 9명이고 둘 다 싫어하는 몬스터가 11명이라면 몬스터는 모두 몇 명일까?"

"글쎄……."

리나가 머리를 긁적였다. 조금 전에 해결한 문제보다 훨씬 복잡해 보였기 때문이다.

"이것도 이어 붙인 끈의 길이를 구하는 것처럼 공통 부분을 빼 주는 문제야. 바나나를 좋아하는 몬스터의 수에는 바나나와 멜론을 모두 좋아하는 몬스터의 수가 포함되어 있어. 그렇다면 바나나만 좋아하는 몬스터의 수는 몇 명이지?"

"빼 주면 되니까 $35 - 9 = 26$(명)이지."

"바로 그거야. 그게 바로 공통을 빼 주는 과정이지. 그럼 멜론만 좋아하는 몬스터의 수는?"

"27 − 9 = 18(명)이지."

"잘했어. 그러니까 다음과 같은 그림을 그릴 수 있어."

셈짱은 이렇게 말하고는 마법 칠판에 그림을 그렸다.

"그러니까 이 마을의 몬스터 수는 18 + 9 + 26 + 11 = 64(명)가 되는 거야. 어때, 이제 공통으로 빼 주는 문제의 핵심이 뭔지 알겠니?"

셈짱이 힘주어 물었다.

"물론이지. 이제는 완전 쉬워."

리나가 공통 빼 주기의 논리를 완벽하게 이해한 듯 고개를 끄덕였다. 셈짱은 리나를 향해 오른손 엄지를 세우고는 싱긋 웃었다.

"리나, 집합이 뭔지 알아?"

셈짱이 물었다.

"그야 사람이 모이는 걸 말하지."

리나가 별 걸 다 묻는다는 듯 셈짱의 얼굴을 빤히 쳐다보았다.

"사실 방금 우리가 푼 문제는 집합 문제야. 집합은 독일의 수학자 칸토르가 처음으로 도입했어. 어떤 주어진 조건에 의해 명확하게 구별되는 대상의 모임을 '집합'이라고 해."

"나처럼 예쁜 여자들의 모임처럼 말이지?"

"웩! 그건 집합이 아니야. 예쁘다는 것은 대상을 명확하게 구별할 수 없거든. 넌 나에게는 물론 예쁘지만 다른 사람이 볼 때는 예쁘다고 생각되지 않을 수도 있거든. 이런 건 집합을 이루지 못해."

"말도 안 돼. 나를 예쁘지 않다고 생각하는 사람은 아무도 없을 거야."

리나가 눈꼬리를 치켜뜨고 셈짱을 노려보았다.

"어쩔 수 없어. 수학에서 말하는 명확한 기준에 예쁘다는 것은 포함되지 않거든."

셈짱이 흥분한 리나를 달래듯 말했다.

"그럼 어떤 게 집합인데?"

"예를 들면 3보다 작은 자연수의 모임 같은 거야."

"그건 1과 2잖아?"

"바로 그거야. 1, 2가 3보다 작은 자연수의 집합을 만드는 대상들이야. 이때 집합을 이루는 대상 하나하나를 '원소'라고 해. 즉, 3보다 작은 자연수의 집합에서 원소는 1과 2가 되는 거지."

셈짱은 설명하면서 슬쩍 리나의 눈치를 살폈다. 리나는 아직도 화가 덜 풀린 듯한 표정이었다.

극적으로 이어 붙인 끈 문제를 해결한 두 사람은 무시무시한 뱀의 공격으로부터 벗어날 수 있었다. 두 사람은 다시 이퀘이션 왕국을 향해 걸음을 재촉했다.

따브르저우르의 신기한 저울

무게

나뭇잎 사이로 새어 들어오던 햇빛이 점점 약해지고 있었다. 날이 저무는 모양이었다.

"아이고 배고파라. 금강산도 식후경이라는데 뭐 좀 먹고 가자."

셈짱이 배 속에서 꼬르륵 소리를 따발총처럼 요란하게 내며 말했다.

"벌써 저녁때가 되었네. 오늘은 여기서 하룻밤 자고 가자."

리나는 이렇게 말하고는 주위의 울창한 나무들을 둘러보더니

"나무르 테이브르~"

하고 주문을 걸었다. 그러자 옆에 서 있던 나무 하나가 갑자기 셈

짱 쪽으로 쓰러지기 시작했다.

"저녁 달라고 했지, 날 죽여 달라고 하진 않았어."

셈짱이 나무를 피하며 놀란 목소리로 말했다. 리나는 바닥에 쓰러진 기다란 나무에 콧바람을 불어 넣었다. 그러자 나무는 아름다운 원형 식탁과 두 개의 의자로 변했다.

"정말 신기하군."

셈짱이 의자에 앉으며 말했다. 리나는 셈짱의 건너편 의자에 앉아 손가락으로 원탁에 동그라미를 그렸다. 그때마다 먹음직스런 왕만두가 탁자 위에 만들어졌다.

"우와! 내가 좋아하는 울트라 슈퍼 짱 만두다!"

셈짱은 리나가 만든 첫 번째 만두를 게걸스럽게 먹어치웠다. 리나는 계속해서 동그라미를 그렸고 그때마다 만두는 계속 만들어졌다. 탁자인지 만두 공장인지 구분하기 힘들 정도로 엄청난 양의 만두가 탁자 위에 수북이 쌓였다. 소식주의자인 리나는

무게 **73**

만두를 두 개밖에 먹지 않았지만 셈짱은 도대체 몇 개를 먹었는지 헤아릴 수도 없을 정도로 많이 먹었다.

"끄윽~"

셈짱이 커다란 트림 소리를 냈다. 이제 더 이상은 먹을 수 없다는 배 속의 신호인 듯했다. 아직도 탁자 위에는 먹지 않은 만두가 수북이 남아 있었다.

크르릉 크르릉~

그때 갑자기 거대한 동물이 포효하는 것 같은 소리가 들렸다.

"혹시 사자?"

셈짱의 얼굴이 창백해졌다. 리나도 소리가 나는 곳을 향해 급히 고개를 돌렸다. 등 위에 양팔저울 두 개가 달려 있는 이상한 동물이 두 사람 앞에 나타났다. 몸집은 황소만한데다가 얼굴은 고양이처럼 생겼고, 꼬리는 세 개가 달려 있으며 다리가 여섯 개인 생전 처음 보는 동물이었다.

"내 이름은 따브르저우르."

자신의 이름을 따브르저우르라고 밝힌 동물이 하마처럼 커다란 입을 벌리며 말했다.

"우리에게 무슨 볼일이 있는 거지?"

셈짱이 따지듯 물었다.

"이곳을 무사히 지나가려면 내가 내는 문제를 풀어야 해. 이번엔 무게 문제다."

따브르저우르가 말했다.

"졸려 죽겠으니까 빨랑 문제나 내고 사라지시지. 안 그러면 네 몸에서 저울만 남기고 모조리 사라지게 만들어 버릴 테니까."

셈짱은 조금 전에 뱀을 지렁이로 변하게 만들어 땅속으로 도망치게 한 것 때문에 자신감을 얻은 듯했다.

"좋아."

이렇게 말하고 따브르저우르는 입을 크게 벌리더니 이상한 소리를 내기 시작했다. 그것은 조금 전 셈짱에게 말할 때의 목소리와는 다른 주파수의 소리였다. 셈짱은 소리가 너무 끔찍해서 양손으로 귀를 틀어막았다. 갑자기 하늘에서 빨갛고 파란 구슬들과 네모난 모양의 쇳덩어리가 따브르저우르의 등 위에 있는 저울로 쏟아져 내렸다.

첫 번째 저울의 한쪽 팔에는 한 개의 빨간 구슬과 파란 구슬

네 개, 반대쪽 팔에는 빨간 구슬 세 개와 파란 구슬 한 개가 놓여 저울이 수평을 이루었다.

  두 번째 저울의 한쪽 팔에는 두 개의 빨간 구슬과 세 개의 파란 구슬, 반대쪽 팔에는 40이라는 수가 씌어 있는 네모난 쇳덩어리가 놓여 양팔이 수평을 이루었다.

"무슨 문제일까?"

리나가 셈짱을 흘깃 쳐다보며 물었다.

"글쎄……."

셈짱은 아직 감이 오지 않는 듯했다.

"40이라는 숫자가 씌어 있는 쇳덩어리의 무게는 40kg이다. 그렇다면 빨간 구슬 한 개와 파란 구슬 한 개의 무게를 알아내라. 만약 못 맞히면 쇳덩어리가 날아가 너희들을 압사시킬 것이다."

따브르저우르가 무시무시한 얼굴로 말했다.

"압사?"

리나의 얼굴이 창백해졌다. 여기까지 와서 쇳덩어리에 깔려 죽기는 싫었다.

"우선 식을 세워야겠지?"

리나가 침착하게 물었다.

"물론. 수학을 잘하려면 정확한 식을 세우는 것이 중요해. 저울이 수평을 이루고 있다는 것은 저울의 왼쪽에 있는 물체의 무게와 오른쪽에 있는 물체의 무게가 같다는 것을 뜻하는데, 수학자들은 이것을 등식으로 나타냈어. 등식이란 등호(=)로 나타낸 식이야. 예를 들면

$$1+3=4$$

와 같은 식이 등식이지."

셈짱이 차분하게 설명했다.

"전부터 궁금한 게 있었어."

리나가 눈을 크게 뜨고 말했다.

"뭔데?"

셈짱이 되물었다.

"등호는 왜 '='이라고 쓰는 거지?"

"16세기에 영국의 레코드라는 수학자가 자신의 책 『지혜의 숫돌』에서 처음으로 등호를 =로 사용했어. 레코드는 길이가 같고 평행인 두 선분을 등호로 사용했는데, 그 이유는 어떠한 두 모양도 이것보다 같을 수는 없다고 생각해서였지. 그 이전에는 등호 대신 '같다'는 의미의 라틴어 aequalis의 앞 글자인 ae로 나타냈대. '1과 2의 합은 3이다'를 '1 + 2 ae 3'이라고 하다가 레코드가 만든 등호 기호가 나오고 나서부터는 '1 + 2 = 3'이라고 쓰게 된 거야."

"그런 역사가 있는 줄은 몰랐어."

리나는 몰랐던 것을 알게 되어 마냥 기쁜 표정이었다.

"좋아, 그럼 문제를 풀어 볼까?"

셈짱은 마법 칠판에 저울은 빼고 구슬만을 이용해 등식을 세웠다. 두 개의 등식이 나타났다.

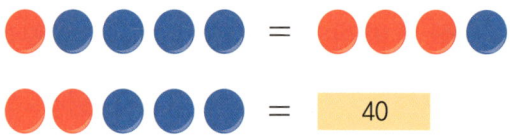

"첫 번째 등식에서 빨간 구슬 한 개와 파란 구슬 한 개씩을 양쪽에서 지우면

이 돼. 즉, 파란 구슬 세 개의 무게와 빨간 구슬 두 개의 무게가 같지. 두 번째 등식에서 파란 구슬 세 개 대신 빨간 구슬 두 개를 넣으면

이 돼. 즉, 빨간 구슬 네 개의 무게가 40kg이니까 빨간 구슬 한 개의 무게는 $40 \div 4 = 10$(kg)이야. 또 파란 구슬 세 개의 무게는 빨간 구슬 두 개의 무게와 같으니까

이 돼. 즉, 파란 구슬 세 개의 무게가 20kg이니까 파란 구슬 한 개의 무게는

$$20 \div 3 = \frac{20}{3} (kg)$$

이 되는 거지."

셈짱이 자신만만하게 설명을 마쳤다.

"등식의 성질을 적절하게 이용했군."

따브르저우르가 패배를 인정하는 듯 힘없는 목소리로 말했다.

"등식의 성질이 뭐야?"

리나가 셈짱에게 물었다.

"등식에서 등호의 왼쪽에 있는 식을 '좌변', 오른쪽에 있는 식을 '우변'이라고 해. 예를 들어 1+3=4에서 1+3은 좌변이고 4는 우변이지. 좌변과 우변을 합쳐서 '양변'이라고 하는데, 등식에서는 양변에 같은 수를 더하거나 같은 수를 빼거나 같은 수를 곱하거나 0이 아닌 같은 수로 나누어도 달라지지 않아. 이것을 '등식의 성

질'이라고 불러."

"왜 나눗셈에서는 0을 왕따시키는 거지? 나눗셈에게 너무 심한 거 아니야?"

리나는 왕따가 된 0을 측은하게 여기는 듯했다.

"수학에서는 0으로 나누는 것을 금지하기 때문이야."

셈짱은 촉촉하게 젖은 리나의 눈을 보고 달래듯 말했다.

문제를 푼 두 사람은 마법의 도움으로 다시 텐트를 만들어 어두운 숲속에서 깊은 잠에 빠져 들었다. 거듭되는 몬스터와의 게임에 약간은 지친 듯 셈짱은 숲이 떠나갈 정도로 우렁차게 코를 골았다.

저글링을 하는 몬스터

거꾸로 풀기

어느덧 시합 날짜가 다가오고 있었다. 셈짱과 리나는 계속 같은 경치만 펼쳐지는 그린스 숲을 따라 시합 장소를 향해 무작정 걸었다. 아직도 많은 몬스터를 상대해야 한다는 것이 부담되기는 했지만 그동안 몬스터와의 대결에서 쉽게 이겼기 때문에 셈짱의 자신감은 충만한 상태였다.

갑자기 어디선가 유리구슬이 부딪치는 소리가 들렸다.

"무슨 소리지?"

셈짱은 소리가 나는 곳으로 뛰어갔다. 호기심이 많은 셈짱은 궁금한 것은 참지 못하는 성격이었다. 리나는 천천히 셈짱의 뒤

를 따라갔다.

두 사람은 나무로 만든 작은 무대 위에서 세 개의 손으로 구슬 저글링을 하고 있는 몬스터를 발견했다. 빨강, 파랑, 노랑의 세 개의 손에서 여러 개의 구슬이 동시에 공중으로 날아오르고 있었다. 서커스에서 두 손으로 저글링을 하는 것을 본 적은 있지만 세 개의 손으로 하는 것은 처음 보았다. 셈짱은 신기한 듯 무대 위 몬스터의 현란하게 움직이는 손을 바라보았다.

"누구세요? 이 숲에도 서커스단이 있나?"

셈짱이 무대 쪽으로 다가가며 물었다. 그 순간 셈짱을 향해 구슬이 날아와 이마에 부딪치더니 다시 몬스터의 손으로 되돌아갔다.

"아야야!"

셈짱은 금세 부풀어 오른 이마의 혹을 어루만지며 신음소리를 냈다. 뒤늦게 도착한 리나는 셈짱의 이마에 난 붉은 혹을 보자 혼자 키득거리며 웃었다.

"난 트리몬이다. 구슬 저글링 쇼를 할 때 떠드는 사람은 나의 구슬 공격을 받을 수밖에 없지. 가만 보니 수학대회에 참가하는 녀석들이군. 그렇다면 내가 내는 구슬 문제를 맞혀야 이곳을 지나갈 수 있지."

트리몬이 잠시 구슬 저글링을 멈추었다. 트리몬은 세 손 모두 주먹을 꽉 쥐고 있었다. 주먹 속에는 조금 전까지 저글링을 하던 구슬들이 있는 듯 보였다.

"좋아, 나도 저글링을 계속해야 하니까 빨리 문제를 내 주지. 지금 내 손에는 구슬들이 들어 있다. 각각의 손에 몇 개씩 들어 있는지는 나도 잘 몰라. 자, 지금부터 너희들이 보지 못하게 세 번 조작한 다음 세 개의 손에 있는 구슬을 보여 줄 거야. 너희들은 처음 세 개의 손에 있던 구슬의 수를 알아맞히면 돼."

트리몬은 이렇게 말하고는 주먹을 쥔 세 개의 손을 등 뒤로 숨겼다.

"좋아, 먼저 빨간 손이 노란 손과 파란 손이 가지고 있는 개수만큼 구슬을 준다."

트리몬의 눈은 앞뒤에 달려 있어 뒤통수에 있는 눈을 이용해 자신이 말한 대로 구슬을 이동시켰다.

"이번에는 노란 손이 빨간 손과 파란 손이 가지고 있는 개수만큼 빨간 손과 파란 손에게 구슬을 준다."

트리몬의 등 뒤에 감춰진 손이 분주하게 움직였다.

"마지막으로 파란 손이 빨간 손과 노란 손이 가지고 있는 개수만큼 빨간 손과 노란 손에게 구슬을 준다."

다시 트리몬의 세 손이 부지런히 움직였다. 하지만 커다란 등 뒤에 가려져 있어 몇 개의 구슬이 이동했는지는 전혀 보이지 않았다.

"자! 다 됐어."

트리몬은 세 개의 손을 앞으로 내밀고는 주먹을 폈다. 각각의 손에는 똑같이 여덟 개씩의 구슬이 있었다.

"우와! 신기한 마술이다."

리나가 깜짝 놀라며 소리쳤다.

"이건 마술이 아니라 수학이야."

트리몬이 리나를 노려보며 말했다.

"너희들이 문제를 푸는 동안 구슬 저글링이나 계속해야겠군. 만약 못 맞히면 너희들은 나의 구슬들과 끝도 없이 충돌해야 할 거야. 그렇게 되면 몸이 성한 데가 하나도 없을 걸."

트리몬은 이렇게 말하고는 다시 세 손에 들어 있는 구슬들로 저글링을 하기 시작했다.

"또 맞으라고? 그럴 수는 없지. 천하의 수학영재 셈짱이 이런 문제쯤이야."

셈짱은 퉁퉁 부어 오른 이마를 매만지며 각오를 다졌다.

"하도 빨라서 어느 손에서 어느 손으로 구슬이 옮겨진 건지 알 수가 없어. 그런데 어떻게 처음에 각각의 손에 있던 구슬의 수를 알아맞히라는 거지? 타임머신을 타고 과거로 돌아갈 수도 없고……."

리나가 허탈한 표정을 지었다.

"그래! 바로 그거야! 과거로 돌아가는 거야."

셈짱이 갑자기 흥분하며 소리쳤다.

"과거로 가는 마법을 쓰는 건 금지되어 있어."

"그건 왜지?"

"마법사들이 자꾸 과거로 돌아가서 역사를 바꿔 버리면 미래에 혼란이 오기 때문이야."

"그렇겠구나. 하지만 이 문제는 과거로 돌아가는 방법을 이용해야 해."

"무슨 말인지 잘 모르겠어."

리나가 어리둥절해했다.

"우선 세 단계를 시간 순으로 정리해 볼게.

1. 빨간 손이 노란 손과 파란 손이 가지고 있는 개수만큼 구슬을 준다.
2. 노란 손이 빨간 손과 파란 손이 가지고 있는 개수만큼 구슬을 준다.
3. 파란 손이 빨간 손과 노란 손이 가지고 있는 개수만큼 구슬을 준다.

3단계까지 거친 다음 세 개의 손에 들어 있는 구슬의 수는 다음과 같아.

파란 손	노란 손	빨간 손
8	8	8

이제 시간을 거꾸로 흘러가게 하면 돼. 3단계를 봐. 빨간 손과 노란 손은 자신들이 가지고 있는 구슬의 개수만큼 파란 손으로부터 받았으니까 3단계 이전에 빨간 손과 노란 손의 구슬은 네 개야. 네 개를 받아야 여덟 개가 될 테니까. 따라서 3단계가 이루어지기 직전에 세 개의 손이 가지고 있는 구슬의 수는 다음과 같아.

파란 손	노란 손	빨간 손
16	4	4

이번에는 2단계를 봐. 구슬을 받은 손은 빨간 손과 파란 손이지? 파란 손은 여덟 개를 받아서 열여섯 개가 된 거고 빨간 손은 두 개를 받아서 네 개가 된 것이니까 2단계 직전으로 가면 세 개의 손이 가지고 있는 구슬의 수는 다음과 같아.

파란 손	노란 손	빨간 손
8	14	2

휴! 이제 1단계만 남았군."

셈짱은 길게 설명하느라 숨을 헐떡거렸다.

"1단계는 내가 설명할 수 있을 것 같아."

리나가 눈을 반짝이며 말했다.

"좋아! 기회를 줄게."

"1단계에서 구슬을 받은 손은 노란 손과 파란 손이야. 그러니까 노란 손은 일곱 개를 받은 거고 파란 손은 네 개를 받은 거야. 열한 개의 구슬은 빨간 손이 준 거지. 그러니까 1단계 직전으로 가면 세 개의 손에 있는 구슬의 수는 다음과 같아.

파란 손	노란 손	빨간 손
4	7	13

이게 바로 처음 트리몬의 세 개의 손에 있던 구슬의 수야."

리나가 깔끔하게 정리했다.

"대단하군!"

트리몬은 깜짝 놀라 저글링을 하면서 숲속으로 사라졌다.

함정에 빠진 셈짱과 리나

표 만들어 풀기

"이제 하루밖에 안 남았네."

리나가 신난 표정으로 말했다. 그동안 많은 몬스터와의 대결에서 승리를 거둔 셈짱이 자랑스럽기도 했고 그 과정에서 자신의 수학 실력이 부쩍 늘었다는 사실에 무척이나 기분이 좋았다. 하지만 셈짱은 리나의 말에 아무 대답도 하지 않은 채 잔뜩 긴장한 표정이었다. 이번 대회에서 과연 좋은 성적을 낼 수 있을지 아니면 다크호스에게 발목을 잡혀 우승을 놓칠지 약간은 불안했다.

"어이, 셈짱!"

누군가 셈짱을 부르는 목소리가 들렸다. 뒤를 돌아보니 검은

턱시도를 입은 소년이 서 있었다.

"넌 커닝스?"

셈짱이 소리쳤다.

"오랜만이야. 너도 대회에 참가하는가 보지? 하지만 네 실력으론 우승은 어림도 없을 걸. 난 매쓰피아 왕국에서 가장 유명한 스승님들에게 개인과외를 받았거든. 어떤 문제가 나오든 1분 안에 풀 수 있지. 너는 이번 대회에 참가하는 데만 의의를 둬야 할 거야. 올림픽 정신처럼 말이지."

"길고 짧은 건 대 봐야 알겠지."

"그럴까? 마지막 몬스터가 내는 문제는 절대 쉽지 않을 걸. 물론 나에게는 엄청 쉬운 문제였지만 말이야. 아마도 넌 대회에 참가하지도 못할 거 같은데……. 어쩌냐, 그러면 참가상도 못 받잖아?"

커닝스는 빈정거리는 투로 말하고는 사라졌다.

"저 싸가지 없는 애는 대체 누구야?"

리나가 성난 얼굴로 물었다.

"세계 영재수학대회에서 우승을 한 녀석이야. 성질이 난폭하고 자기만 아는 이기주의자지. 그리고 부정한 방법으로 대회에서 우승했다는 소문도 있어. 커닝스의 아버지는 테로 백작이라고, 수

단과 방법을 가리지 않고 돈을 벌어들이는 매쓰피아 왕국 최고의 부자야. 아버지 덕에 참가비가 어마어마한 세계대회에도 나갈 수 있었던 거고."

"셈짱, 넌 대회에 못 나갔구나?"

"산속에 사는 나에게 그런 돈이 어디 있어?"

셈짱이 아쉬워하는 표정으로 말했다.

"셈짱, 반드시 이겨서 저 막돼먹은 녀석의 코를 납작하게 해 줘 버려."

리나가 주먹을 불끈 쥐며 목에 핏대를 세우고 말했다.

그때 갑자기 문어처럼 생긴 몬스터가 두 사람 앞에 나타났다.

"내 이름은 옥토몬. 그린스 숲의 마지막 몬스터다. 나와의 대결에서 이기면 너희는 무사히 숲을 빠져나갈 수 있다. 하지만 지면 다시 처음으로 되돌아가 몬스터들과 새로운 대결을 해야 할 것이다."

민들민들한 머리에 긴 코를 가진 옥토몬이 입을 크게 벌리고는 소리쳤다. 옥토몬은 문어와는 달리 다리가 세 개뿐이었고 실처럼 가늘었다. 그래서 얼핏 보면 동그란 대가리에 세 개의 가느다란 수염이 달려 있는 것처럼 보였다.

"우와! 저렇게 가느다란 다리로 제대로 서 있지도 못하겠네."

리나가 놀리듯 말했다.

그러자 옥토몬의 표정이 험악하게 일그러지더니 고함치듯 말했다.

"디 트리 플리케이션!!"

순간 수많은 옥토몬들이 나타나 서로 뒤엉켰다. 가늘고 긴 다리들이 얽힌 실타래처럼 꼬여 있어 누구의 다리인지 알 수 없을 정도였다. 그중 한 옥토몬이 입을 열었다.

"우리 옥토몬은 두 개의 종족이 있다. 하나는 나처럼 다리가 세 개인 옥토몬 3이고 다른 하나는 다리가 두 개인 옥토몬 2다. 옥토몬 3과 옥토몬 2는 머리 생김새는 똑같고 단지 다리의 개수만 다르다. 우리 중에서 옥토몬 3은 몇 마리인지 알아내라."

"어느 게 누구 다리인지도 모르겠는데 어떻게 알아맞히라는 거야?"

리나가 신경질적인 투로 말했다.

"리나, 우선 머릿수를 세 봐."

셈짱이 뭔가 떠오른 듯 싱긋 웃으며 말했다. 리나는 옥토몬의 머릿수를 헤아렸다. 모두 열다섯 개였다.

"리나, 이번엔 다리의 개수를 헤아려 봐."

셈짱이 소리쳤다. 리나는 서로 꼬여 있는 다리들을 주의 깊게 관찰하고는 다리의 수를 헤아렸다. 모두 37개였다.

"됐어. 머릿수는 15개, 다릿수는 37개라고 했지? 이제 옥토몬 2와 옥토몬 3의 수를 알아맞힐 수 있어."

셈짱이 기분 좋게 웃으며 말했다.

"어떻게?"

리나는 잘 이해가 되지 않는다는 듯 머리를 긁적였다.

"이 문제는 표를 만들어 해결하면 돼. 열다섯 개의 옥토몬 중에서 옥토몬 2가 0마리일 때부터 15마리일 때까지 다릿수를 헤아려서 표로 만들면 돼. 예를 들어 옥토몬 2가 다섯 마리이고 옥토몬 3이 열 마리이면 다릿수는 $2 \times 5 + 3 \times 10 = 40$(개)이 되잖아. 이런 식으로 다릿수가 37개가 되는 경우를 찾으면 돼."

셈짱은 이렇게 말하고는 다음과 같이 표를 만들었다.

옥토몬 2	0	1	2	3	4	5	6	7	8	9	10	11	12	13	14	15
옥토몬 3	15	14	13	12	11	10	9	8	7	6	5	4	3	2	1	0
다리의 수	45	44	43	42	41	40	39	38	37	36	35	34	33	32	31	30

"언제 다릿수가 37개가 되지?"

셈짱이 리나를 힐끔 쳐다보며 물었다.

"옥토몬 2가 여덟 마리, 옥토몬 3이 일곱 마리일 때야."

리나가 생긋 웃으며 말했다.

"바로 그게 답이라고. 그러니까 옥토몬 3은 일곱 마리야."

셈짱이 다시 한 번 정답을 외쳤다.

순간 열다섯 마리의 옥토몬이 순식간에 사라졌다. 그들이 사라진 자리에는 노란 연기로 쓴 다음과 같은 글자가 나타났다.

'그린스 숲을 무사히 통과한 것을 축하한다!'

그린스 숲의 몬스터와의 대결에서 모두 승리를 거둔 두 사람은 다시 길을 재촉했다. 한시 바삐 그린스 숲을 벗어나 이퀘이션 왕국으로 가야 했다. 한참을 걸어가다 보니 두 사람 앞에 두 갈래 길이 나타났다.

"리나, 어느 길로 가야 할지 내비볼로 알아 봐."

셈짱이 말했다.

리나는 내비볼을 꺼내 손으로 문질렀다. 그런데 어찌된 일인지 투명 구슬에는 당연히 나타나야 할 산속의 지도가 보이지 않았다. 리나의 얼굴이 점점 창백해지기 시작했다.

"안 나와. 내비게이션 기능이 고장난 것 같아."

리나가 울먹이는 목소리로 말했다.

"가만, 저길 봐. 오른쪽 길가 옆의 나무에 이퀘이션 왕국이라고 씌어 있어."

셈짱이 들뜬 목소리로 말했다. 고개를 들어 표지판을 본 리나의 얼굴이 다시 환해졌다. 리나의 얼굴에는 잠깐 동안이나마 자신 때문에 셈짱이 대회에 참가하지 못할까 봐 고민한 흔적이 역력했다. 하지만 이제는 표지판을 따라가기만 하면 되는 일이고 시간도 아직 충분하게 있어 두 사람은 힘찬 걸음으로 오른쪽 길로 접어들었다.

"히히히, 그쪽으로 가면 죽었다 깨어나도 이퀘이션 왕국에는 도착하지 못할 걸."

커닝스가 나무 뒤에 숨어서 두 사람이 잘못된 길로 가는 것을 보고 낄낄대며 웃고는 자신은 왼쪽 길로 사라졌다. 셈짱이 대회에 참가하는 것을 방해하기 위해 커닝스가 미리 와서 왼쪽 길가의 나무에 붙어 있던 표지판을 오른쪽 길가의 나무에 걸어 두었던 것이다. 그때 마침 뒤따라오던 매씨아가 이 장면을 목격했다.

"셈짱과 리나는 왜 오른쪽 길로 가는 거지? 또 한 소년은 왼쪽 길로 가고 있고. 이상한데?"

이상한 생각이 든 매씨아는 주머니에서 지도를 꺼내 보았다. 분명히 이퀘이션 왕국으로 가는 길은 왼쪽이었다.

"안 돼. 대회는 공정해야 해. 셈짱이 참가하지 않으면 대회는 아무 의미가 없어. 이건 나의 스승인 픽토도사님의 친구이자 라이벌인 수리도사님의 자존심이 걸린 대결이야."

매씨아는 셈짱과 리나가 간 오른쪽 길을 향해 날듯이 뛰어갔다. 축지법을 쓸 줄 아는 매씨아는 금세 셈짱과 리나를 따라잡을 수 있었고 두 사람에게 자초지종을 얘기했다.

"커닝스, 네가 이런 나쁜 짓을 일삼고도 우승을 할 수 있을 거 같아!"

셈짱이 분노에 찬 표정으로 말했다. 리나와 매씨아도 기분이 상해 있었다. 세 사람은 다시 원래의 두 갈래길까지 걸어와 왼쪽 길로 갔다.

이퀘이션 수학대회

속력

    세 사람은 대회가 열리는 이퀘이션 왕국의 디오판 광장에 도착했다. 광장에는 여러 나라에서 온 소년소녀들이 모여 있었다. 어림잡아도 수십 명은 되어 보였다.
    "우와! 이 많은 사람들 중에서 1등을 해야 한다는 거야?"
    셈짱은 참가자의 수가 예상보다 많은 것에 다소 놀란 표정이었다.
    대회 조직위원회는 예상보다 참가자가 많이 몰리자 결선에 올라갈 세 명을 선발할 골든벨 퀴즈를 치르기로 했다. 모든 참가자가 광장에 앉아 사회자가 내는 문제의 답을 작은 칠판에 적어 양손으로 들어 올려 틀린 사람은 탈락하는 방식이었다.

"첫 번째는 방정식 문제입니다. 방정식에서 구해야 하는 값을 나타내는 영어 알파벳으로, 뼈가 부러졌을 때 병원에서 찍는 사진광선에도 사용되는 이 알파벳은 무엇일까요?"

사회자의 말이 끝나기가 무섭게 셈짱은 X라고 썼다.

"정답은……."

사회자가 긴장감을 고조시키기 위해 말을 머뭇거렸다. 그리고는 참가자 모두를 둘러보더니 깜짝 놀란 표정을 지으며 말했다.

"X입니다. 그런데…… 정답자가 세 명밖에 없군요."

셈짱은 주위를 둘러보았다. 커닝스와 매씨아와 자신만이 정답을 썼고, 그 밖의 참가자들은 a, b, c 등 다른 알파벳을 적었던 것이다. 결선자를 가리는 골든벨 퀴즈는 싱겁게 끝이 났다. 예정된 시간보다 예선전이 빨리 끝나자 사회자가 매씨아에게 질문을 던졌다.

"방정식에 X를 처음 사용한 사람은 누구일까요?"

"프랑스의 데카르트입니다."

매씨아가 똑 부러지는 목소리로 대답했다.

"왜 하고 많은 알파벳 중에서 X를 사용했을까요?"

사회자가 빙긋 웃으며 다시 물었다.

"당시에는 활자를 이용하여 책을 만들었는데 알파벳 중에서 가장 적게 사용되는 단어가 X였기 때문에 X를 사용하게 되었다고 책에서 읽었습니다."

매씨아가 예쁜 목소리로 대답했다.

관중석에서 박수 소리가 터져 나왔다. 모두들 매씨아의 예쁜 얼굴과 뛰어난 수학 실력에 감탄한 듯했다.

이제 셈짱, 매씨아, 커닝스 세 명이 결선을 치르게 되었다. 세 사람은 각자 편한 자리로 돌아갔다. 셈짱은 승리의 브이 자를 그리며 리나가 앉아 있는 곳으로 갔다. 리나 역시 입을 함지박 만하게 벌리며 웃고 있었다.

결선에서는 다섯 문제가 출제되었다. 누구든 정답을 아는 사람이 먼저 외치면 되고, 다섯 문제 중에서 가장 많이 맞히는 사람이 우승하는 방식이었다.

사회자가 다른 사람으로 바뀌었다. 이번 사회자는 마법사처럼 긴 가운을 걸쳐 입은, 나이가 50대 정도로 보이는 남자였다.

"첫 번째는 속력에 관한 문제입니다."

사회자가 점잖은 목소리로 말했다.

"속력이라면 과학 문제잖아?"

리나가 이상한 듯 고개를 갸우뚱거렸다.

"속력 문제는 초등학교 과정의 문자와 식 부분에서 자주 나오는 거야. 속력은 거리를 시간으로 나눈 값이지. 2초 동안 10미터를 가면 10÷2=5가 되어 속력은 초속 5미터가 돼."

셈짱이 사회자와 시선을 맞춘 채 간단하게 설명했다. 사회자가 주문을 외우자, 광장에 빨간 공과 파란 공 두 개가 나타났다. 두 개의 공은 서로 멀리 떨어져 있었다.

"빨간 공이 파란 공보다 빠릅니다. 두 공 사이의 거리는 100미터. 이제 파란 공과 빨간 공이 마주보고 달려와 충돌합니다."

사회자는 이렇게 말하고는 양손으로 두 개의 공을 가리키더니 다시 안으로 모았다. 순간 두 개의 공이 서로를 향해 굴러가 얼마 후 정면충돌했다. 사회자는 마법 시계를 꺼내들고는 "정확히 20초 걸렸습니다." 하고 소리쳤다.

사회자는 다시 두 개의 공을 원래 위치에 가도록 하고, 이번에는 빨간 공이 파란 공을 뒤쫓아 가게 했다. 빨간 공이 100미터 뒤에 있었지만 파란 공보다 더 빨랐기 때문에 얼마 후 빨간 공은 파란 공과 충돌했다.

"이번에는 100초 걸렸군요. 자! 그럼 문제를 내겠습니다. 이 두 실험을 통해 빨간 공과 파란 공의 속력을 알아내세요."

사회자는 이렇게 말하고는 다시 두 개의 공을 사라지게 했다.

셈짱은 속력에 관해 공부했던 많은 문제들을 떠올렸다. 우선 문제를 정확하게 해결하기 위해 이용할 식들을 점검하고 순서를 정하는 것이 중요했다.

"셈짱, 이 문제 몰라?"

조용히 눈을 감고 명상에 잠겨 있는 셈짱에게 리나가 다그치듯 물었다.

"음……."

셈짱은 리나의 말을 못 들은양 계속해서 뭐라고 혼자 중얼거리면서 오른손을 활기차게 움직였다. 머릿속으로 무언가 셈을 하는 듯했다.

"알았다!"

셈짱이 큰 소리로 외쳤다. 사회자가 셈짱의 목소리를 들은 듯 입가에 잔잔한 미소를 띠며 말했다.

"정답을 말씀해 주세요."

"파란 공의 속력은 초속 2미터, 빨간 공의 속력은 초속 3미터입니다."

셈짱이 자신 있게 말했다. 순간 매씨아와 커닝스가 놀란 눈으로 셈짱을 쳐다보았다. 두 사람은 아직 문제의 뜻도 파악하지 못한 듯했다.

"정답입니다. 그럼 앞으로 나와서 어떻게 문제를 해결했는지 설명해 주시기 바랍니다. 수학은 논리적인 학문이므로 답을 맞히는 것만 중요한 것이 아니라 문제를 올바른 논리로 해결했는가 하는 것도 중요하지요. 여기 계신 모든 관중들은 질문을 할 권리가 있습니다."

이렇게 말하고 사회자는 마법으로 모든 관중이 볼 수 있도록 커다란 마법 칠판을 설치했다. 그리고는 오른손에 든 조그만 부채를 셈짱의 머리에 대고 흔들었다. 그러자 셈짱의 입에서 희미한 빛이 뿜어 나와 마법 칠판을 비추었다.

"이제 셈짱이 머릿속으로 생각하는 내용은 자동으로 마법 칠판에 씌어지게 될 것입니다. 여러분은 칠판을 주목하여 봐 주시기 바랍니다."

사회자는 이렇게 말하고는 셈짱이 설명을 할 수 있도록 한 걸음 뒤로 물러섰다.

"이것은 속력을 구하는 문제지만 긴 끈과 짧은 끈의 논리를 활용할 수 있습니다. 왜 그런가 하는 것은 제 설명을 들으면 알게 될 것입니다. 저는 먼저 파란 공과 빨간 공이 같은 방향으로 달려와 20초 만에 만나는 경우를 생각했습니다. 이때 파란 공과 빨간 공의 속력의 합은 두 공이 움직인 거리를 시간으로 나눈 값이 되지요."

셈짱의 말이 끝나기가 무섭게 칠판에는 다음과 같은 식이 나타났다.

빨간 공의 속력+파란 공의 속력=100÷20=5

"왜 그렇게 되죠? 알기 쉽게 설명해 주세요."

관중 가운데 한 명이 자리에서 일어나 물었다.

"예를 들어 빨간 공의 속력이 초속 3미터이고 파란 공의 속력이 초속 2미터라고 해 보죠. 이 두 공이 서로를 향해 움직이면 빨간 공은 3미터, 파란 공은 2미터를 움직이게 됩니다. 즉, 둘이 움직인 거리를 합치면 5미터가 되지요. 이 두 공은 1초에 5미터씩 전체 길이가 줄어듭니다. 이런 식으로 20초가 지나면 두 공은 20×5=100미터의 거리가 줄어들게 됩니다. 처음에 둘 사이의 거리가 100미터였으므로 두 개의 공이 줄인 거리가 100미터라는 얘기는 더 이상 줄일 거리가 없다는 것을 의미하지요. 즉, 두 공은 충돌하게 됩니다. 이 문제는 '항아리 안에 100개의 떡이 있는데 갑은 1초에 두 개를 먹고 을은 1초에 세 개를 먹는다고 할 때 항아리 속의 떡은 몇 초 후에 모두 없어질까요?' 하는 문제와 같습니다. 이 경우도 두 사람이 1초에 먹는 떡의 개수는 2+3=5개이므로 전체 떡의 개수를 1초 동안 두 사람이 먹는 떡의 개수로 나눈 값이 바로 떡이 모두 없어지는 시간입니다. 이 경우 100÷5=20

이므로 20초 후에 항아리 안의 떡은 모두 없어지게 되지요."

긴 설명을 마치자 관중석에서는 일제히 박수 소리가 터졌다. 셈짱의 강의가 귀에 쏙쏙 들어왔기 때문이었다.

셈짱은 관중들에게 정중하게 인사하고는 다시 말을 이었다.

"이번에는 두 번째 식에 대해 설명하겠습니다. 이것은 추월 문제입니다. 뒤에 있는 사람이 앞에 있는 사람보다 빠르면, 즉 속력이 더 크면 언젠가는 앞사람을 따라잡는다는 논리지요. 이 경우 빨간 공이 파란 공보다 100미터 뒤에 있습니다. 즉, 처음에 두 공 사이의 거리는 100미터였지요. 파란 공의 속력을 초속 2미터, 빨간 공의 속력을 초속 3미터라고 할 때, 1초가 지나면 파란 공은 2미터를 가고 빨간 공은 3미터를 가므로 둘 사이의 거리는 1미터가 줄어든 99미터가 됩니다. 따라서 100초가 지나면 둘 사이는 100미터가 줄어들어 더 이상 줄어들 거리가 없어집니다. 이때가 두 공이 충돌하는 시간이지요. 즉, 두 공 사이의 거리를 두 공의 속력의 차로 나눈 값이 두 공이 같은 방향으로 움직여 만날 때까지 걸린 시간입니다. 이 경우 빨간 공이 더 빠르기 때문에 빨간 공의 속력에서 파란 공의 속력을 뺀 값이 두 공의 속력의 차입니다."

셈짱이 이렇게 말한 순간 칠판에는 다음과 같은 식이 나타났다.

빨간 공의 속력 – 파란 공의 속력 = 100 ÷ 100 = 1

"그렇다면 여기서 빨간 공의 속력과 파란 공의 속력은 어떻게 결정하죠?"

또 다른 관중이 질문했다.

"그림으로 해결하면 됩니다. 빨간 공의 속력이 파란 공의 속력보다 1이 더 크니까 두 속력을 그림으로 나타내면 다음과 같이 되지요.

즉, 이 문제는 긴 끈과 짧은 끈의 문제와 같아집니다. 빨간 공의 속력을 빨간 끈의 길이에 비유하고, 파란 공의 속력을 파란 끈의 길이에 비유하면 두 끈의 길이의 차는 1입니다. 그러므로 두 공의 속력의 합은 두 끈의 길이의 합에 비유될 수 있고 이 값에서

1을 빼 주면 그것이 바로 파란 끈의 길이의 두 배가 되지요. 5 - 1 = 4이므로 파란 끈의 길이는 2가 됩니다. 다시 속력으로 돌아가면 파란 공의 속력은 초속 2미터가 되고 빨간 공의 속력은 초속 3미터가 되지요."

셈짱이 멋지게 설명을 마쳤다.

순간 장내에서는 우레와 같은 박수 소리가 울렸다. 셈짱의 완벽한 설명에 감동을 받은 관중들의 당연한 반응이었다.

"두 번째 역시 속력에 관한 문제입니다. 기차의 속력이 초속 20미터로 일정하다고 합시다. 그러면 길이가 40미터인 기차가 길이가 160미터인 터널을 완전히 빠져나가는 데는 몇 초가 걸릴까요?"

사회자가 질문을 던졌다.

"8초입니다."

문제가 출제되자마자 커닝스가 자신 있는 얼굴로 답을 말했다.

"왜 8초가 나온 거죠?"

사회자가 되물었다.

"터널의 길이가 160미터이고 기차의 속력이 초속 20미터잖아

요? 그러면 걸린 시간은 거리를 속력으로 나누어 준 값이니까

$$걸린\ 시간 = 160 \div 20 = 8(초)$$

이 되는 거죠."

커닝스가 어깨를 으쓱거렸다.

"기차의 길이는 고려하지 않았군요."

"그게 필요한가요? 우릴 속이기 위해 불필요한 조건을 넣은 거잖아요."

"그럴까요? 정답이 아닙니다. 다른 분?"

사회자가 셈짱과 매씨아를 번갈아보며 약간 기분 나쁜 표정으로 말했다. 커닝스의 건방진 행동에 마음이 상한 듯했다.

"답은 10초입니다."

매씨아가 밝게 웃으며 말했다.

"정답입니다. 그런데 어떻게 10초가 나왔는지 관중들에게 설명해 주어야 합니다."

사회자가 미소로 화답하며 부드러운 목소리로 말했다.

"기차가 터널 입구에 도착했다고 해 보죠.

이때 기차가 터널의 길이만큼만 가면 다음과 같이 됩니다.

보시는 것처럼 기차가 터널의 길이만큼만 움직이면 기차의 몸체는 터널 안에 있게 되므로 터널을 완전히 빠져나간 것이 아닙니다. 그러므로 기차의 몸체가 모두 터널 밖으로 빠져나가려면 기차의 길이만큼을 더 가야 합니다. 다음 그림처럼 말이죠.

어때요, 기차가 터널을 완전히 빠져나갔지요? 그러므로 기차와 터널 문제에서는 기차의 길이와 터널의 길이만큼을 움직여야만 기차가 완전히 터널을 빠져나가게 되지요. 이것을 식으로 세우면 다음과 같습니다.

기차의 길이＋터널의 길이＝기차의 속력×터널 통과 시간

그러므로 기차가 터널을 완전히 빠져나가는 데 걸리는 시간은 기차와 터널의 길이의 합을 기차의 속력으로 나눈 값이 됩니다. 기차의 길이는 40미터, 터널의 길이는 160미터, 기차의 속력은 초속 20미터이므로 구하는 시간은

$$(40＋160)÷20＝10(초)$$

이 됩니다."

매씨아가 긴 설명을 마쳤다. 관중석에서는 박수가 쏟아져 나왔다. 셈짱도 매씨아의 완벽한 설명에 아낌없는 박수를 보내 주었다.

수학반지

농도와 일

"이제 셈짱 군과 매씨아 양이 각각 한 문제씩을 맞혔습니다. 세 번째 문제입니다. 커닝스 군도 분발해 주세요."

사회자가 약간 빈정거리는 투로 커닝스를 바라보더니 다시 말을 이었다.

"이번에는 농도에 관한 문제입니다. 자! 여길 보시죠."

사회자가 주문을 외우자 액체가 가득 담겨 있는 비커가 나타났다.

"비커 안에는 농도가 7.5퍼센트인 소금물 800그램이 들어 있습니다."

사회자는 이렇게 말하고는 손가락으로 비커의 바닥을 가리켰다. 그러자 갑자기 불꽃이 일어나더니 비커를 가열하기 시작했다. 비커에서 김이 모락모락 나면서 소금물의 양이 점점 줄어들었다. 시간이 어느 정도 경과하자 사회자는 손가락으로 다시 불을 껐다. 그리고 저울을 불러내어 비커를 저울 위에 올려놓았다. 저울의 눈금은 600을 가리켰다.

"무게가 200그램 줄어들었지요? 자! 문제입니다. 농도가 7.5퍼센트인 소금물 800그램을 끓여서 200그램을 증발시켰을 때 남아 있는 소금물의 농도를 구해 보세요."

사회자가 힘차게 말했다.

"농도가 뭐지?"

머릿속으로 식을 세우고 있는 셈짱에게 리나가 물었다.

"소금물은 소금과 물이 섞여 있는 것을 말해. 그러니까 소금물의 무게는 소금의 무게와 물의 무게의 합이지. 이때 소금의 무게를 소금물의 무게로 나눈 값에 100을 곱한 것을 소금물의 농도라고 해. 단위는 퍼센트로 나타내지. 소금 10그램과 물 90그램으로 소금물을 만들었다고 해 봐. 그럼 소금물의 무게는 얼마가 되지?"

"그야 100그램이지."

"그럼 소금의 무게를 소금물의 무게로 나눈 값은?"

"10 ÷ 100 = 0.1."

"거기에 100을 곱해 봐."

"0.1 × 100 = 10."

"따라서 소금물의 농도는 10퍼센트야. 소금물의 농도가 높을수록 더 짜다고 할 수 있지."

셈짱은 말을 마치자마자 자신이 계산한 식을 점검하더니 오른손을 번쩍 들어올렸다.

"셈짱 군! 답을 말씀해 주세요."

사회자가 말했다.

"답은 10퍼센트입니다."

셈짱이 자신 있게 큰 소리로 말했다. 모두들 쥐 죽은 듯이 조용해졌다. 사회자는 표정 변화 없이 잠시 눈을 감고 생각에 잠겨 있더니 다시 눈을 번쩍 뜨고는 "정답입니다!" 하며 크게 소리쳤다. 관중석에서 일제히 함성 소리가 들려왔다. 어느 틈에 셈짱의 팬이 많이 생긴 듯했다.

"이제 어떻게 구했는지 설명해야 합니다."

사회자가 셈짱을 대견한 듯 바라보며 말했다.

"우선 이 문제는 물이 증발되는 것이 무엇인지를 알아야 합니다. 소금물을 가열하면 소금은 그대로 있고 물만 기체인 수증기로 바뀌어 날아가는데 이것을 '증발'이라고 합니다. 증발에 의해 소금물의 양이 줄어들 때는 소금의 양은 그대로이고 물의 양만 줄어듭니다. 이 문제에서는 증발 후에 소금물이 200그램 줄어들었으므로 물 200그램이 줄어든 것입니다. 하지만 가열하기 전이나 가열한 후나 소금의 양은 그대로이지요."

셈짱이 설명했다.

"소금의 양은 어떻게 구하지요?"

사회자가 물었다.

"소금물 800그램 속의 소금의 무게를 □그램이라고 해 보죠. 소금물의 농도는 소금의 무게를 소금물의 무게로 나눈 후 100을 곱하면 되는데 이것이 7.5이니까

$$□ \div 800 \times 100 = 7.5$$

가 됩니다. 등식의 성질을 이용해 양변을 100으로 나누면

$$\square \div 800 \times 100 \div 100 = 7.5 \div 100$$

이 되지요. 어떤 수에 100을 곱했다가 다시 100으로 나누면 그 수는 변하지 않으므로 위 식은

$$\square \div 800 = 0.075$$

가 됩니다. 다시 등식의 성질을 이용해 양변에 800을 곱하면

$$\square \div 800 \times 800 = 0.075 \times 800$$

이 되고, 이 식에서 좌변은 □를 800으로 나누었다가 다시 800을 곱해 주었으므로 □가 됩니다. 그러므로

$$\square = 60$$

이 되지요. 즉, 소금의 양은 60그램입니다. 그런데 증발 후에도 소금의 양은 60그램 그대로이고 소금물의 양은 600그램이므로 이 소금물의 농도는

$$60 \div 600 \times 100 = 10 (퍼센트)$$

이 되는 것입니다."

셈짱이 멋지게 설명을 마쳤다. 셈짱의 긴 설명을 조용히 듣고 있던 관중들이 "올레!"를 외치며 셈짱을 열렬히 응원했다.

이제 셈짱이 두 문제, 매씨아가 한 문제를 맞혔고, 커닝스는 한 문제도 맞히지 못한 상황이 되었다. 커닝스는 애써 태연한 척했지만 얼굴이 경직되어 있는 것으로 보아 속으로 화를 삭이는 듯했다.

"네 번째 문제입니다."

사회자가 말하자 장내는 다시 물을 끼얹은 듯 조용해졌다. 사회자는 문제 봉투를 열더니 말을 이었다.

"어떤 일을 끝마치는 데 갑이 혼자서 하면 열흘이 걸리고 을이 혼자서 하면 보름이 걸립니다. 그럼 두 사람이 함께 일하면 며칠이 걸릴까요?"

셈짱은 매씨아를 흘깃 쳐다보았다. 그림으로 문제를 푸는 실력이 뛰어난 매씨아는 이번에는 연습장에 열심히 그림을 그리고 있는 듯했다. 잠시 후 매씨아가 자리에서 일어나 말했다.

"6일입니다."

"정답입니다!"

사회자는 셈짱과 매씨아가 팽팽히 2 : 2가 된 것에 신이 난 듯했다.

"과정을 설명해 주세요. 푸는 과정이 엉터리이면 정답으로 인정할 수 없는 것이 대회 규칙입니다."

사회자가 진지한 어조로 말했다.

"이 문제는 끝내야 할 전체 일의 양을 1이라고 놓고 분수를 이용하면 됩니다."

매씨아가 자신만만하게 말했다.

"어떻게 분수를 이용한다는 거죠? 좀 더 자세히 설명해 주세요."

"갑이 전체 일을 열흘 만에 마친다는 것은 갑이 하루에 하는 일의 양이 $\frac{1}{10}$이라는 뜻입니다. 마찬가지로 을은 보름이 걸리므로 을이 하루에 하는 일의 양은 $\frac{1}{15}$이 됩니다. 그러므로 두 사람이 하루에 하는 일의 양은 $\frac{1}{10} + \frac{1}{15} = \frac{1}{6}$이 됩니다. 따라서 두 사람이 함께 일을 하면 하루에 전체 일의 $\frac{1}{6}$을 마칠 수 있으므로 일을 모두 마치는 데는 6일이 걸리게 되지요."

매씨아가 낭랑한 목소리로 말했다. 잠시 후 관중석에서는 우레와 같은 박수 소리가 터져 나왔다. 관중들은 모두 매씨아와 셈짱의 팽팽한 대결에 흥분한 듯했다. 하지만 커닝스는 이제 남은 한 문제를 자신이 맞힌다 해도 우승할 수 없다는 것을 알게 되자, 자리에서 벌떡 일어나더니 뒤도 돌아보지 않고 떠났다. 커닝스의 행동에 관중들이 야유를 보냈고 사회자도 커닝스를 째려보았지만 커닝스는 총총걸음으로 광장을 빠져나갔다. 이제 마지막 문제는 매씨아와 셈짱 둘만의 대결이 되었다.

"마지막 문제입니다. 이번에도 일에 관한 문제입니다. 어떤 일을 갑과 을 두 사람이 하면 열흘이 걸리고 갑이 혼자서 하면 12일이 걸립니다. 그렇다면 을이 혼자서 하면 며칠이 걸릴까요?"

사회자가 마지막 문제를 발표했다.

셈짱은 매씨아와 시선을 맞추었다. 매씨아는 밝은 표정으로 열심히 연습장에 그림을 그리기 시작했다. 셈짱은 조금 전 매씨아가 풀었던 방법을 머릿속에 떠올리더니 머리셈으로 문제를 풀기 시작했다.

"답이 나왔어요."

셈짱이 소리쳤다. 순간 당연히 자신이 승리할 거라고 믿었던 매씨아의 얼굴이 창백해졌다. 매씨아의 손에 든 연습장에도 답이 적혀 있었지만 간발의 차로 셈짱이 먼저 답을 발표할 기회를 가진 것이었다.

"말씀해 주시죠."

사회자가 잔뜩 긴장한 목소리로 말했다.

"답은 60일입니다."

셈짱이 고개를 치켜들고는 크게 소리쳤다. 잠시 정적이 흘렀다. 리나는 혹시 셈짱의 답이 틀린 것은 아닐까 하여 걱정스러운 얼굴로 사회자를 바라보았다.

"정답입니다!"

사회자가 흥분된 목소리로 소리쳤다.

"셈짱! 네가 우승이야."

리나가 들뜬 목소리로 말했다. 관중석에서는 함성 소리가 요란하게 울려 퍼졌다.

"아직은 아니야. 풀이 과정에 모순이 없어야 해."

셈짱이 침착하게 말했다.

"모순? 그게 뭔데?"

리나가 되물었다.

"모순은 창과 방패를 합친 말로 옛날 중국에서 유래된 말이야. 중국 초나라에 무기를 파는 상인이 있었어. 그 상인은 자신의 창을 들어 보이며 그 어떤 방패도 뚫을 수 있는 창이라고 말했고, 또 자신의 방패를 들어 보이며 그 어떤 창도 막아 낼 수 있는 방패라고 말했지. 그러자 구경하던 사람 중 하나가 상인에게 '당신이 그 어떤 방패도 다 뚫을 수 있다고 말한 창으로 그 어떤 창도 막아 낼 수 있다고 말한 방패를 찌르면 어떻게 됩니까?' 하고 질문을 던지자 상인은 아무 대답도 하지 못했어. 이처럼 모순은 '모든 방패를 뚫는 창'과 '모든 창을 막는 방패'처럼 동시에 존재할 수 없는 경우를 뜻해. 그때부터 논리적으로 앞뒤가 맞지 않는 경우를 '모순이 생겼다'고 말하게 되었는데, 수학의 풀이 과정은 논리적으로 앞뒤가 맞아야 하기 때문에 모순이 생기면 안 되는 거야."

셈짱이 긴 설명을 마쳤다.

"그럼 어떻게 정답이 나왔는지 설명해 주시죠."

사회자가 셈짱에게 부드러운 미소를 지어 보이며 말했다.

"조금 전에 매씨아 양이 풀었던 방식과 마찬가지로 접근하면 됩니다. 이 문제에서도 전체 일의 양을 1이라고 두면 되지요. 두 사람이 함께 일해 열흘이 걸리므로 두 사람이 하루에 하는 일의 양은 $\frac{1}{10}$이 됩니다. 그런데 갑이 혼자 일하면 12일이 걸리므로 갑이 하루에 하는 일의 양은 $\frac{1}{12}$이 되죠. 갑이 하루에 하는 일의 양과 을이 하루에 하는 일의 양의 합이 $\frac{1}{10}$이고 갑이 하루에 하는 일의 양이 $\frac{1}{12}$이므로 을이 하루에 하는 일의 양은

$$\frac{1}{10} - \frac{1}{12} = \frac{1}{60}$$

이 됩니다. 즉, 을은 하루에 전체의 $\frac{1}{60}$의 일을 하는 셈이지요. 그러므로 을이 혼자서 일을 마치는 데는 60일이 필요합니다."

셈짱이 입가에 연신 미소를 지으며 찬찬히 설명했다.

"완벽합니다! 우승자는 셈짱 군입니다."

사회자가 신이 난 표정으로 소리쳤다. 관중들도 모두 자리에서 일어나 셈짱을 위해 박수를 쳐 주었다. 매씨아도 함께 일어나 자신의 패배를 인정하며 셈짱의 우승을 진심으로 축하해 주었다.

"셈짱! 네가 이겼어."

매씨아가 셈짱에게 다가와 악수를 청하며 말했다.

"네가 네 번째 문제에 대해 설명해 주지 않았다면 난 우승할 수 없었을 거야. 왕국에 돌아가면 너에게 유클리드가 만들었다는 그림으로 푸는 수학을 배워야 할 것 같아."

셈짱이 싱긋 웃으며 말했다.

"수학 챔피언인 너를 내가 가르칠 수 있을까?"

매씨아가 수줍은 목소리로 말했다.

"1등과 2등은 종이 한 장 차이야. 다른 문제가 나왔다면 네가 1등 할 수도 있었어. 다만 내가 운이 좋았을 뿐이지."

셈짱이 겸손하게 말했다.

매씨아의 볼이 발그레해지면서 그녀의 맑은 눈이 셈짱의 시선과 마주쳤다. 두 사람 사이를 번갈아 보던 리나의 얼굴이 붉으락푸르락해졌다.

"셈짱, 매씨아에게 수학을 배울 시간이 어디 있어? 나에게 집중해서 수학을 가르쳐 줘야지."

리나는 셈짱을 째려보며 말했다. 리나의 말에 두 사람 사이에 오가던 어색한 시선이 멈추었다.

"그래야지······."

셈짱이 마치 도둑질이라도 하다가 들킨 사람처럼 말을 얼버무렸다.

"이제 이퀘이션 수학대회의 우승자인 셈짱에게 하메스 왕이 직접 상을 수여하겠습니다. 수상자 셈짱 군은 앞으로 나와 주세요."

사회자가 다시 큰 소리로 외쳤다. 셈짱은 광장 한복판에 마련

된 시상대로 걸어 나갔다. 잠시 후 하메스 왕이 시상대로 올라와 셈짱과 가볍게 포옹하고는 온갖 보석이 박혀 있는 조그만 상자를 셈짱에게 건네주었다. 작은 보석함처럼 생긴 상자였다.

"이게 뭐죠?"

셈짱이 신기한 듯 상자를 어루만지며 왕에게 물었다.

"열어 보거라. 수학 챔피언만이 가질 수 있는 왕국의 보물이니라."

하메스 왕이 부드럽게 말했다.

셈짱은 조심스럽게 상자 뚜껑을 열었다. 순간 강렬한 빛이 상자에서 뿜어져 나와 하늘 높이 치솟았다. 그 끝이 보이지 않는 것으로 보아 지구의 대기권을 뚫고 나간 것 같았다. 잠시 후 강렬한 빛줄기의 길이가 점점 줄어들더니 셈짱을 에워싸기 시작했다. 드디어 상자 속의 물체가 정체를 드러냈다. 그것은 조그만 반지였다.

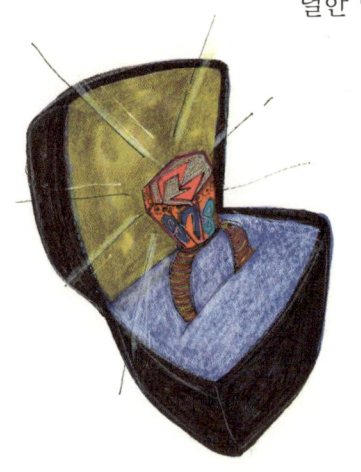

"이것은 왕국 최고의 수학자를 상징하는 수학반지니라. 선대 왕 때부터 가보로 전해 내려온 것인데 세계 최고

의 수학자가 이 반지를 끼고 있어야 이 세상의 수학이 발전된다는 전설이 있느니라. 이제부터 네가 이 반지의 주인이니 앞으로 수학의 발전에 크게 기여하기 바란다."

하메스 왕은 이렇게 말하고는 셈짱의 손에 수학반지를 끼워 주었다. 셈짱을 에워쌌던 빛줄기가 반지 속으로 빨려 들어가더니 눈부신 빛을 발했다. 관중들은 반지에서 뿜어져 나오는 강렬한 빛 때문에 눈도 뜰 수 없을 지경이었다. 빛줄기가 점점 가늘어지더니 레이저처럼 반지에 무언가를 새기고는 사라졌다. 수학반지에는 다음과 같은 글귀가 새겨져 있었다.

'수학 챔피언 셈짱'

관중들은 모두 일어서서 박수를 치며 수학 천재의 탄생을 축하해 주었다. 셈짱은 손가락에 낀 반지를 어루만지며 함박웃음을 짓고 관중들의 환호에 답례했다.

부록

정교수의 강의노트

★ 심화학습

★ 심화학습 ★

1) 속력의 기본 정의

A, B 두 사람이 100m 달리기를 하는 경우를 봅시다. A는 10초 걸렸고, B는 11초 걸렸다고 해 보죠. 누구의 속력이 더 빠른가요? 두 사람은 같은 거리를 뛰었지요? 이렇게 같은 거리를 뛸 때는 시간이 적게 걸린 사람의 속력이 더 빠릅니다. 일반적으로 속력과 거리, 시간의 관계는 다음과 같습니다.

속력=거리÷시간

왜 거리를 시간으로 나눠서 속력을 나타낼까요? 400m를 50초에 뛴 사람과 100m를 10초에 뛴 사람 중 누구의 속력이 더 빠른지를 살펴봅시다. 그런데 두 사람이 뛴 거리가 다르므로 단순히 시간만 비교할 수는 없습니다. 이때는 공식을 통해 속력을 구하여 비교합니다. 속력의 단위는 'm/초'를 사용합니다.

400m를 50초에 뛴 사람의 속력: 400÷50=8(m/초)=초속 8m

100m를 10초에 뛴 사람의 속력: 100÷10=10(m/초)=초속 10m

그러므로 100미터를 10초에 뛴 사람의 속력이 더 빠르다는 것을 알 수

있습니다. 이제 다음과 같은 문제를 보죠.

시속 800km로 가는 비행기가 1시간 15분 동안 가는 거리는 얼마인가?

1시간 15분은 1시간과 15분의 합인데 어떻게 구할까요? 이때는 15분을 시간으로 고치면 돼요. 15는 60의 $\frac{1}{4}$이므로 15분은 $\frac{1}{4}$시간이 됩니다. 그러므로 1시간 15분은 $1\frac{1}{4}$시간이 되고, 가분수로 고치면 $\frac{5}{4}$시간이 되지요. 이 시간 동안 간 거리는 다음과 같습니다.

$$800 \times \frac{5}{4} = 1000 (km)$$

이번에는 다음과 같은 문제를 보죠.

둘레가 2km인 연못을 한 바퀴 도는 데 1분 40초가 걸리는 사람의 속력을 구하라.

2km는 2000m이고 1분 40초는 100초이므로 이 사람이 1초에 □m를 간다고 하면

$$100 : 2000 = 1 : \square$$

가 되는군요. 그런데 이걸 어떻게 풀죠? 비례식에서는 외항의 곱과 내항의 곱이 같으므로

$$100 \times \square = 2000 \times 1$$

이 되어

$$\square = 20$$

이 되지요. 그러므로 이 사람의 속력은 초속 20m입니다.

속력을 이용하여 우물의 깊이를 알 수 있는 방법이 있어요. 조그만 돌멩이를 우물에 떨어뜨립니다. 이때 돌멩이가 부딪치는 순간 소리가 나겠죠? 그 시간이 0.3초 후라고 해 보죠. 소리의 속력은 초속 340m이므로 우물 바닥까지의 거리는

$$0.3 \times 340 = 102 (m)$$

가 되지요.

2) 떨어진 거리 문제

서로 다른 속력을 이용해 떨어진 두 지점 사이의 거리를 구할 수 있는 방법이 있어요. 다음 문제를 봅시다.

1시간에 8km를 가는 가우스와 6km를 가는 매트가 동시에 출발하여 같은 방향으로 가고 있다. 3시간 후 두 사람의 거리는 얼마인가?

한 시간 후 두 사람 사이의 거리는 2km의 차이가 생기지요? 그럼 2시간 후에는 2×2=4(km)의 차이가 생길 것이고, 3시간 후에는 2×3=6(km)의 차이가 생기지요. 즉, 이런 문제는 두 사람의 속력의 차이에 시간을 곱하면 돼요.

3시간 동안의 차이=1시간 동안의 차이×3

다음 문제를 보죠.

시속 80km인 기차와 시속 60km인 기차가 12시 정각에 동시에 서울역을 출발하여 부산으로 향했다. 두 기차 사이의 거리가 60km가 되는 시각을 구하라. (단, 기차는 쉬지 않고 달린다고 하자.)

앞의 문제는 거리의 차이를 구하는 것이고 이번에는 시간을 구하는 문제이군요. 두 기차가 1시간 동안 달리면 떨어진 거리는

$$80-60=20(km)$$

이 됩니다. 2시간 달리면 40km의 차이가 나고 3시간 달리면 60km의 차이가 나므로 답은 3시간 후가 되어 오후 3시가 됩니다.

여기서 3은 어디에서 나온 걸까요? 이것은 바로 60÷20에서 나왔습니다. 그러므로 이런 유형의 문제는 떨어진 거리를 1시간 동안의 거리의 차이로 나누면 됩니다.

다음 문제를 보죠.

초속 8km로 달리는 P와 초속 4km로 달리는 S가 같은 지점에서 동시에 출발하여 같은 방향으로 간다. P가 도착하고 20초 후에 S가 도착했다면 P와 S가 움직인 거리는 얼마인가?

P와 S가 골인한 시간 차이가 20초이군요. 하지만 두 사람이 골인 지점까지 오는 데 걸린 시간은 모르죠? 이 문제를 풀기 위해 좀 더 쉬운 문제를 볼까요?

A, B 두 사람이 120m 달리기를 하는 데 A는 초속 6m, B는 초속 4m로 달린다. 두 사람이 동시에 같은 지점을 출발했다면 A가 골인하고 몇 초 후에 B가 골인하는가?

A는 120m를 초속 6m로 가므로 A가 걸린 시간은 $\frac{120}{6}=20$(초)

B는 120m를 초속 4m로 가므로 B가 걸린 시간은 $\frac{120}{4}=30$(초)

그럼 30-20=10(초)이므로 A가 골인하고 나서 10초 후에 B가 골인합니다. 이것은 다음과 같이 나타낼 수도 있어요.

B가 걸린 시간－A가 걸린 시간＝10

걸린 시간은 거리를 속도로 나눈 것이므로 다음과 같이 쓸 수 있지요.

$$\frac{거리}{B의\ 초속}-\frac{거리}{A의\ 초속}=10$$

그러므로 조금 전의 문제를 다음과 같이 바꿔 써 봅시다.

초속 8km로 달리는 P와 초속 4km로 달리는 S가 같은 지점에서 동시에 출발하여 같은 방향으로 간다. P가 도착하고 20초 후에 S가 도착했다면 P와 S가 움직인 거리는 얼마인가?

↓

P, S가 □km 달리기를 하는 데 P는 초속 8km, S는 초속 4km로 달린다. 둘이 동시에 같은 지점을 출발하여 P가 골인하고 나서 20초 후에 B가 골인하였다. □는 얼마인가?

아하! 같은 문제군요.

$$S가\ 걸린\ 시간 - P가\ 걸린\ 시간 = 20$$

이고, S가 걸린 시간 = $\frac{\square}{4}$, P가 걸린 시간 = $\frac{\square}{8}$ 이므로

$$\frac{\square}{4} - \frac{\square}{8} = 20$$

이 되지요. 그런데 □를 어떻게 구하죠?
이것이 바로 방정식입니다. 모르는 것을 □라고 놓고 □를 찾는 아주 재미있는 문제지요. 4와 8의 최소공배수인 8을 양변에 곱하면

$$\frac{\square}{4} \times 8 - \frac{\square}{8} \times 8 = 20 \times 8$$

이 됩니다. $\frac{\square}{4} \times 8 = \square \times 2$가 되고, $\frac{\square}{8} \times 8 = \square$가 되고, $20 \times 8 = 160$이므로 다음과 같이 바뀝니다.

$$\square \times 2 - \square = 160$$

방정식이 많이 간단해졌죠? 여기서 $\square \times 2 = \square + \square$입니다. 그러므로 주어진 식은 다음과 같이 되지요.

$$□ + □ - □ = 160$$

여기에서 □를 구하면

$$□ = 160$$

이 되므로 정답은 160km입니다.

3) 터널과 엘리베이터 문제

이젠 터널 문제를 풀어 보죠. 기차가 터널을 빠져나가는 시간을 계산하는 문제지요. 다음 문제를 봅시다.

초속 20m로 달리는 기차가 1.1km 길이의 터널을 완전히 통과하는 데 걸리는 시간을 구하라. (단, 기차의 길이는 100m이다.)

기차가 터널의 길이만큼만 달린다고 하면 기차의 앞부분도 1.1km, 뒷부분도 1.1km를 달리니까 기차가 터널을 못 빠져나가지요? 따라서 기차가 터널은 빠져나간다는 것은 기차의 맨 뒷부분이 터널을 빠져나가는 것을 말하지요. 그러므로 기차의 길이만큼을 더 달려야 기차가 완

전히 터널을 통과하게 되지요.

그러므로 기차가 가야 하는 거리는 (터널 길이)+(기차 길이)가 됩니다. 기차의 길이가 100m이고 터널의 길이가 1100m이므로 기차는 1200m를 달려야 해요. 기차의 속력이 초속 20m이므로 이 기차가 터널을 완전히 통과하는 데 걸리는 시간은

$$\frac{1200}{20} = 60(초)$$

이 됩니다.

터널을 통과할 때나 다리를 지나갈 때나 마찬가지 문제가 되지요. 그러니까 다음 문제의 답도 똑같이 60초가 됩니다.

초속 20m로 달리는 기차가 길이가 1.1km인 다리를 완전히 통과하는 데 걸리는 시간을 구하라. (단, 기차의 길이는 100m이다.)

이번에는 엘리베이터에 대한 얘기를 해 보죠. 다음 문제를 보세요.

한 층을 내려가는 데 2초가 걸리는 엘리베이터를 타고 7층에서 1층까지 내려가는 데 걸리는 시간을 구하라. (단, 엘리베이터의 문이 닫히고 열리는 시간은 생각하지 않는다.)

한 층을 내려가는 데 2초가 걸리면 7층을 내려가는 데는 $2 \times 7 = 14(초)$가 걸린다고 하면 틀려요. 왜 그럴까요? 7층에서 1층까지 이동할 때는

6층을 이동하게 됩니다. 그러므로

$$2 \times 6 = 12(초)$$

가 걸립니다. 이게 바로 엘리베이터 문제의 함정이에요.

4) 왕복과 추월 문제

이번에는 두 지점 사이를 갈 때와 올 때 다른 속력으로 가는 문제 유형입니다. 다음 문제를 보세요.

매트가 100m의 거리를 왕복하는 데 갈 때는 초속 5m로 걸어가고 올 때는 브레이드를 타고 초속 10m로 온다. 그럼 걸린 시간은 얼마인가?

왕복 거리는 200m이죠? 그런데 올 때와 갈 때의 속력이 다르지요? 이럴 때는 갈 때와 올 때를 나누어서 시간을 계산해야 해요. 괜히 합쳐서 계산하면 못 풀게 되지요.

갈 때는 초속 5m로 갔으므로 $\frac{100}{5} = 20(초)$이 걸렸고, 올 때는 초속 10m로 오므로 $\frac{100}{10} = 10(초)$이 걸렸죠.

갈 때 걸린 시간+올 때 걸린 시간=총 걸린 시간

이므로 총 걸린 시간은 30초가 됩니다.

이번에는 다음과 같은 문제를 보죠.

A에서 B까지 같은 길로 왕복하는 데 갈 때는 초속 5m, 올 때는 초속 10m로 와서 60초 걸렸다. AB 사이의 거리는 몇 m인가?

AB 사이의 거리를 모르므로 □m라고 두면 됩니다. 그러면 갈 때 걸린 시간은 $\frac{□}{5}$(초)이고, 올 때 걸린 시간은 $\frac{□}{10}$(초)이고, 총 걸린 시간은 60초이므로

$$\frac{□}{5} + \frac{□}{10} = 60$$

이 되지요. 여기에서 □를 구하면 됩니다. 전체에 5와 10의 최소공배수인 10을 곱하면

$$□ \times 2 + □ = 60 \times 10$$

이 되고, □×2=□+□이므로

$$□ + □ + □ = 600$$

이고, □+□+□=□×3이므로

$$□ \times 3 = 600$$

이 되는군요. 양변을 3으로 나누어 주면

$$\frac{□ \times 3}{3} = \frac{600}{3}$$

이므로

$$□ = 200$$

이 됩니다. 그러므로 두 지점 사이의 거리는 200m입니다.

5) 추월 문제

이번에는 추월 문제 유형에 대해 살펴봅시다. 다음과 같은 두 가지 유형이 있어요.

〈첫 번째 유형〉
뒤에서 뛰던 사람이 앞에서 뛰는 사람보다 빨라서 추월하는 경우

〈두 번째 유형〉
같은 위치에서 뒤늦게 출발한 사람이 앞사람을 추월하는 경우

첫 번째 유형의 문제를 보세요.

초속 10m로 달리는 A와 초속 5m로 달리는 B가 있다. B는 A보다 10m 앞에서 출발했다. A가 B를 추월하는 것은 몇 초 후인가?

A와 B가 같은 장소에서 만나고 A가 10m 뒤에서 뛰므로 A가 10m를 더 뛰어야만 만나게 되지요.

$$A가 뛴 거리 = B가 뛴 거리 + 10(m)$$

한편, 두 사람이 □초에 만나게 되면

A가 ☐초 동안 뛴 거리=B가 ☐초 동안 뛴 거리+10

이므로

10×☐=5×☐+10

이 되지요. 여기서 ☐=2이므로 두 사람은 2초 후에 만나게 되지요.

이제 두 번째 유형의 문제를 보세요.

B는 초속 15m로 가고 B가 출발하고 3초 후에 A는 초속 20m로 B와 같은 방향으로 간다. A가 출발하고 몇 초 후에 두 사람이 만나는가?

B가 3초 먼저 움직이죠? A는 제자리에 있고, B는 3초 동안

15×3=45(m)

를 움직이죠. 그러므로 다음 문제와 똑같은 문제가 되지요.

B는 초속 15m로 가고 B가 출발하고 3초 후에 A는 초속 20m로 B와 같은 방향으로 간다. A가 출발하고 몇 초 후에 두 사람이 만나는가?
↓
초속 20m로 달리는 A와 초속 15m로 달리는 B가 있다. B는 A보다 45m 앞서 출발했다. 몇 초 후에 A는 B를 추월하는가?

그럼 20×□=15×□+45이므로 □=9(초)가 됩니다. 즉, A가 출발하고 9초 후에 두 사람이 만나지요. 그런데 이 문제에서 주의할 점이 있어요. 만일 B가 출발하고 나서 몇 초 후에 만나는가를 물으면 9초에 3초를 더한 12초가 답이 돼요. 이런 것도 문제 속의 함정들이지요.

다음 문제를 보세요.

둘레의 길이가 8km인 원형도로를 A는 시속 4km, B는 시속 2km로 같은 지점을 동시에 출발해 같은 방향으로 돈다. 그렇다면 두 사람이 다시 만나는 것은 몇 시간 후인가?

원형도로에서의 추월이란 빠른 사람이 느린 사람보다 한 바퀴를 더 도는 거지요. 그러므로 다음 식이 성립합니다.

빠른 사람이 간 거리=느린 사람이 간 거리+원 둘레 길이

□시간 후에 A가 B를 다시 만난다고 하면 A가 □시간 동안 간 거리는 4×□이고, B가 □시간 동안 간 거리는 2×□이죠. 그리고 원 둘레의 길이는 8km이므로

$$4×□=2×□+8$$

이 됩니다. 4×□=□+□+□+□이고 2×□는 □+□이므로

$$□+□+□+□=□+□+8$$

이 돼요. 양변에서 □+□를 지우면

$$□+□=8$$

이 돼요. □+□=□×2이므로

$$□×2=8$$

이 되고 양변을 2로 나누면

$$\frac{□×2}{2}=\frac{8}{2}$$

이므로 약분하면 □=4가 됩니다. 그러므로 두 사람은 4시간 후에 다시 만나게 되지요.

이번에는 다음 문제를 보세요.

매트는 초속 5m로 움직이는 자동 보드, 리나는 초속 10m로 움직이는 자동 보드를 타고 원형 도로를 서로 반대 방향으로 돌았다. 두 사람이 동시에 같은 위치에서 출발하고 나서 20초 만에 만났다면 원형 도로의 길이는 얼마인가?

두 사람이 움직인 거리를 보세요.

매트가 20초 동안 간 거리 : 5×20=100(m)

리나가 20초 동안 간 거리 : 10×20=200(m)

그런데 두 사람이 서로 반대 방향으로 돌아서 만나는 경우는 다음과 같은 식이 성립합니다.

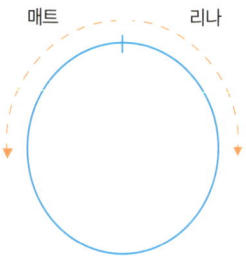

매트가 간 거리+리나가 간 거리=원형 도로의 길이

그러므로

100+200=원형 도로의 길이

가 되고, 여기서 원형 도로의 길이를 구하면

100+200=300(m)

이 됩니다.

6) 무게 유형

무게와 관련된 문제는 상당히 많이 나타납니다.

무게가 같은 구슬 네 개가 들어 있는 상자의 무게가 116g이고, 상자만의 무게가 28g일 때 구슬 하나의 무게는 얼마일까?

이런 문제를 풀 때는 먼저 상자의 무게를 뺀 구슬 네 개의 무게를 먼저 구해야 합니다. 그럼 구슬 네 개의 무게는 상자의 무게에서 상자만의 무게를 빼면 됩니다.

$$116 - 28 = 88(g)$$

그러므로 구슬 하나의 무게는 $88 \div 4 = 22(g)$가 됩니다. 어때요? 간단하죠?

그럼 한 문제를 더 다루어 봅시다.

주스 병에 주스가 가득 들어 있을 때의 무게가 3.28kg이고, 주스를 $\frac{1}{3}$ 먹었을 때의 무게가 2.45kg이다. 이때 주스 병만의 무게를 구하라.

병의 무게와 주스의 무게를 각각 A, B라고 합시다. 주스와 병의 무게의 합이 3.28kg이므로

$$A+B=3.28 \quad (1)$$

이 됩니다.

주스를 $\frac{1}{3}$ 먹으면 남은 주스의 양은 $\frac{2}{3}B$가 됩니다. 그러므로

$$A+\frac{2}{3}B=2.45 \quad (2)$$

가 되지요.

(1) 식에서 (2) 식을 빼면, $\frac{1}{3}B=3.28-2.45=0.83$이므로 $B=2.49$가 됩니다. 그러므로 병만의 무게 $A=3.28-2.49=0.79(kg)$가 됩니다. 이렇게 병의 무게와 주스의 무게를 분리하여 풀면 문제를 쉽게 풀 수 있답니다.

7 표 만들기 유형

이번에는 표를 만들어 푸는 문제를 봅시다.

1g, 5g, 10g, 50g의 추가 각각 한 개씩 있다고 해 보자. 이 추를 이용해 잴 수 있는 무게의 종류는 몇 가지일까?

이 문제는 표를 이용하면 쉬워요. 각각의 추를 한 개만 사용했을 때, 두 개 사용했을 때, 세 개 사용했을 때, 네 개 모두 사용했을 때 나오는 무게를 표로 만들어 봅시다.

50g	O	O	O	O	×	O	O	O	×	×	×	O	×	×	×
10g	O	O	O	×	O	O	×	×	O	O	×	×	O	×	×
5g	O	O	×	O	×	O	O	×	O	×	O	×	×	O	×
1g	O	×	O	O	O	×	×	O	×	O	O	×	×	×	O
합계	66	65	61	56	16	60	55	51	15	11	6	50	10	5	1

모두 열다섯 가지의 무게를 잴 수 있군요. 표를 이용하여 푸는 또 다른 문제를 살펴봅시다.

꼬미와 뚜미가 어떤 책을 읽는 데 오늘까지 꼬미는 80쪽을 읽었고, 뚜

미는 50쪽을 읽었다고 한다. 내일부터 꼬미는 하루에 5쪽씩, 뚜미는 하루에 15쪽씩 읽는다면 두 사람이 읽은 쪽수가 같아지는 것은 며칠 후가 될까?

꼬미는 80부터, 뚜미는 50부터 시작해서 다음과 같이 표를 만들면 됩니다.

	오늘까지	1일 후	2일 후	3일 후	…
꼬미	80	85	90	95	…
뚜미	50	65	80	95	…

그러므로 두 사람이 같은 쪽을 읽게 되는 것은 3일 후라는 것을 알 수 있지요? 이렇게 표를 이용하면 쉽게 문제를 풀 수 있습니다.

비슷한 문제를 하나 더 풀어 봅시다.

예를 들어 어떤 시험 문제가 20개인데 한 문제를 맞히면 4점을 받고, 틀리면 1점이 감점된다고 한다. 20문제를 다 풀었는데 60점이 나왔다면 맞힌 문제는 모두 몇 문제일까?

역시 표를 만들어 해결하면 돼요. 다음과 같이 맞힌 문제의 수와 틀린 문제의 수를 나열하고 각각의 경우 점수를 적어 보죠.

맞힌 문제	20	19	18	17	16	15	...
틀린 문제	0	1	2	3	4	5	...
점수	80	75	70	65	60	55	...

그러므로 60점이 되는 경우는 16문제를 맞히고 4문제를 틀린 경우가 됩니다.

8) 순서를 정해 문제를 푸는 유형

논리적으로 순서를 정해 해결하는 문제를 풀어 보죠.

우인, 원규, 재우, 수연은 팔씨름을 했다. 서로 한 번씩 팔씨름을 한 결과 우인은 2승 1패, 원규는 1승 2패, 재우는 3전 전승이었다면 수연의 성적은 어떻게 될까?

재우가 3전 전승을 했으므로 재우는 수연에게 이겼다.

• 수연은 재우에게 졌다.

우인은 2승 1패인데 1패는 재우에게 진 것이므로 다른 두 사람에게는 모두 이겼다. 그러므로 우인은 수연을 이겼다.

- 수연은 우인에게 졌다.

원규는 1승 2패인데 2패는 재우와 우인에게 진 것이므로 원규는 수연에게 이겼다.

- 수연은 원규에게 졌다.

이렇게 따져 보면 수연은 세 사람에게 모두 졌으므로 수연의 성적은 3패다.

9 느리게 가는 시계의 문제

느리게 가는 시계에 관한 다른 문제를 다루어 봅시다. 다음과 같은 문제를 보세요.

1시간에 3분씩 느리게 가는 시계가 있는데 어느 날 아침 7시에 정확한 시계보다 11분 빠르게 맞춰 놓았다고 해 보자. 정확한 시계가 그날 아침 10시가 되면 느리게 가는 시계가 가리키는 시각은 얼마일까?

역시 오른쪽과 같이 표를 만들면 됩니다.

그러므로 느리게 가는 시계는 10시 2분을 가리키지요.

느리게 가는 시계	정확한 시계
7:11	7:00
8:08	8:00
9:05	9:00
10:02	10:00

공통을 빼 주는 문제

이번에는 공통을 빼 주는 문제에 대해 알아보죠.

다음과 같이 반지름이 3cm인 홀수 개의 원이 겹쳐져 있다고 해 보자. 이때 원은 모두 몇 개일까?

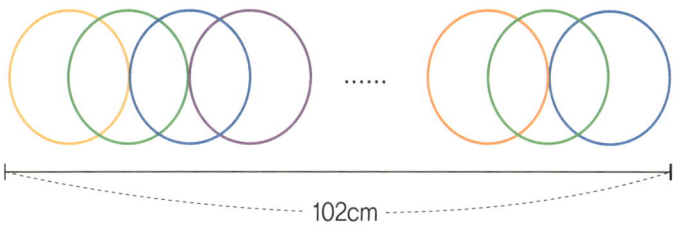

감이 잘 안 오죠? 원이 세 개일 때를 봅시다.

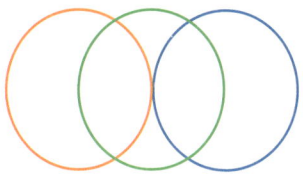

전체 길이는 지름의 2배이므로 $6 \times 2 = 12(cm)$가 되는군요. 여기서 원의 개수와 지름의 배수 사이의 관계는 다음과 같습니다.

$$3 = 2 \times 2 - 1$$

원이 다섯 개일 때를 보죠.

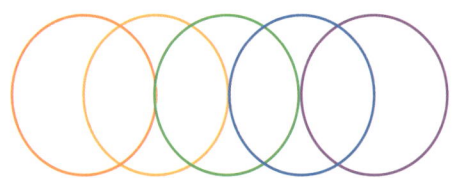

전체 길이는 지름의 3배이므로 6×3 = 18(cm)이 됩니다. 여기서 원의 개수와 지름의 배수 사이의 관계는 다음과 같습니다.

$$5 = 2 \times 3 - 1$$

그러므로 주어진 문제에서 전체 길이를 지름으로 나누면 102÷6 = 17 이므로 원의 개수를 x개라고 하면 다음과 같습니다.

$$x = 2 \times 17 - 1 = 33(개)$$

11) 간격 문제

간격 문제에 대해 다뤄 보죠.

예를 들어 나무 몇십 그루가 일직선상에 같은 간격으로 심어져 있는데 첫 번째 나무와 세 번째 나무 사이의 거리가 18m라고 해 보자. 그럼 첫 번째 나무와 13번째 나무 사이의 거리는 얼마일까?

이 문제는 간격의 개수가 몇 개인지를 정확하게 아는 것이 중요합니다. 첫 번째와 세 번째 나무 사이의 거리는 18미터이고 이때 간격은 두 개이므로 하나의 간격은 9미터가 됩니다. 그리고 첫 번째와 13번째 사이에는 12개의 간격이 있으므로 그 거리는 $12 \times 9 = 108$(m)이 됩니다.

12) 방정식의 이용

어떤 책의 두 쪽수의 합이 543이라고 할 때 어느 쪽인지 알 수 있을까요? 이럴 때 우리는 방정식을 사용합니다. 방정식은 모르는 값을 x로 놓고 구하는 식을 말합니다. 두 쪽수 중 작은 쪽을 x라고 하면 다른 쪽수는 그 다음 쪽이므로 $x+1$이 됩니다.
두 쪽수를 더하면

$$x+(x+1)=543$$

이 되지요. 양쪽에서 1을 빼 주면

$$x+x=542$$

가 되므로 x의 값은 542의 절반인 271이 됩니다. 그러므로 구하는 쪽수는 271쪽과 272쪽입니다.

이번에는 미지수가 2개인 1차방정식에 대해 알아봅시다.

10원짜리 동전 몇 개와 100원짜리 동전 몇 개를 합쳐 금액이 230원이라고 하자. 그럼 10원짜리 동전과 100원짜리 동전은 각각 몇 개일까?

모르는 것은 10원짜리 동전의 개수와 100원짜리 동전의 개수입니다. 즉, 미지수가 두 개입니다. 10원짜리 동전의 개수를 x, 100원짜리 동전의 개수를 y라고 합시다.

이때 10원짜리 동전의 전체 금액은 $10 \times x$(원)이고 100원짜리 동전의 전체 금액은 $100 \times y$(원)입니다.

그러므로 전체 금액은

$$10 \times x + 100 \times y$$

이고 이것이 230원이므로 곱하기 기호를 생략하면

$$10x + 100y = 230$$

이 됩니다. 이것은 미지수가 두 개인 1차방정식입니다. 그럼 이 방정식의 해는 어떻게 구할까요?

동전의 개수는 정수입니다. 즉, 동전의 개수는 $0, 1, 2, 3, \cdots$ 이 되지요. 먼저 100원짜리 동전이 없다고 합시다. 그럼 $y=0$ 이지요. 이때 주어진 방정식은

$$10x = 230$$

이 됩니다. 이 방정식을 풀면

$$x = 23$$

이지요. 그러므로 내 손에 10원짜리 동전만 23개가 있을 수 있습니다. 하지만 다른 경우도 있는지 조사해 봅시다.

100원짜리 동전이 한 개 있다고 합시다. 그럼 $y=1$ 이므로 주어진 방정식은

$$10x + 100 \times 1 = 230$$

이 됩니다. 양변에서 100을 빼면

$$10x = 130$$

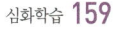

이 됩니다. 이 방정식을 풀면

$$x=13$$

이지요. 그러므로 내 손에 100원짜리 동전 1개와 10원짜리 동전 13개가 있을 수 있습니다. 또 다른 경우가 있을까요?

이번에는 100원짜리 동전이 두 개 있다고 합시다. 그러면 $y=2$이므로 주어진 방정식은

$$10x+100\times2=230$$

이 됩니다. 양변에서 100을 빼면

$$10x=30$$

이 됩니다. 이 방정식을 풀면

$$x=3$$

이 되지요. 그러므로 내 손에는 100원짜리 동전 2개와 10원짜리 동전 3개가 있을 수 있습니다.

그럼 100원짜리 동전이 세 개일 수 있을까요? 100원짜리 동전 세 개의 금액은 300원입니다. 그러므로 이런 경우는 동전의 금액이 230원이 될 수 없지요. 같은 이유로 100원짜리 동전의 개수는 세 개 이상이 될

수 없습니다. 그러므로 다음과 같이 세 가지 경우가 가능합니다.

	10원짜리 동전의 개수(x)	100원짜리 동전의 개수(y)	전체 금액
(A)	23	0	230원
(B)	13	1	230원
(C)	3	2	230원

그럼 도대체 내 손에는 몇 개의 10원짜리 동전과 100원짜리 동전이 들어 있을까요? 물론 답은 위 세 가지 경우 중 한 가지입니다. 하지만 전체 금액이 230원이라는 하나의 조건만으로는 셋 중 어느 경우인지는 알 수 없습니다. 만일 내 손에 들어 있는 동전이 모두 다섯 개라고 하면 동전의 개수를 결정할 수 있습니다.

전체 동전의 개수가 5개라는 조건을 식으로 쓰면

$$x+y=5$$

입니다. 이것은 x, y에 대한 또 다른 식입니다. 이렇게 미지수가 두 개인 1차방정식에서 해가 하나로 결정되기 위해서는 두 개의 식이 필요합니다. 즉, 두 개의 식을 동시에 만족하는 x, y를 찾아야 하지요. 이렇게 두 개의 미지수를 만족시키는 두 개의 1차방정식 세트를 '연립방정식'이라고 부르고 다음과 같이 나타냅니다.

$$10x + 100y = 230$$

$$x + y = 5$$

물론 이 연립방정식의 해는

$$x = 3, \quad y = 2$$

가 되지요.